달리기는 핑계고

달리기는 핑계고

러닝을 시작했을 뿐인데, 삶이 다시 뛰기 시작했다

초 판 1쇄 2025년 12월 11일

지은이 김나영(아주나이스)
펴낸이 류종렬

펴낸곳 미다스북스
본부장 임종익
편집장 이다경, 김가영
디자인 윤가희, 임인영
책임진행 김요섭, 이예나, 안채원, 김은진, 국소리

등록 2001년 3월 21일 제2001-000040호
주소 서울시 마포구 양화로 133 서교타워 711호
전화 02) 322-7802~3
팩스 02) 6007-1845
블로그 http://blog.naver.com/midasbooks
전자주소 midasbooks@hanmail.net
페이스북 https://www.facebook.com/midasbooks425
인스타그램 https://www.instagram.com/midasbooks

ⓒ 김나영(아주나이스), 미다스북스 2025, *Printed in Korea*.

ISBN 979-11-7355-612-8 03810

값 18,500원

※ 파본은 구입하신 서점에서 교환해드립니다.
※ 이 책에 실린 모든 콘텐츠는 미다스북스가 저작권자와의 계약에 따라 발행한 것이므로 인용하시거나 참고하실 경우 반드시 본사의 허락을 받으셔야 합니다.

미다스북스는 다음세대에게 필요한 지혜와 교양을 생각합니다.

러닝을 시작했을 뿐인데, 삶이 다시 뛰기 시작했다

달리기는 핑계고

김나영 아주나이스 지음

미다스북스

프롤로그

왜 달리기였을까?

'앞으로 누구와, 어디서 살아야 할까?' 5년 전만 해도 나는 늘 나보다 남을 먼저 챙겼다. 가족을 위해 헌신하는 삶이 당연하다고 믿었다. 딸과 남편, 양가의 부모님, 그리고 주변 이웃을 돌보는 것이 내 몫이라 여겼다. 사실 한국의 40~50대 여성들 대부분이 그러하듯, 나도 그렇게 살아왔다.

그러던 어느 날, 고3이던 딸이 무심히 말했다. "엄마, 나는 대학 가면 독립할 거고, 내가 원하는 땅에서 살 거야." 그 말이 이상하게 가슴을 콕 찔렀다. 그리고 처음으로 스스로에게 물었다. '그렇다면 나는? 앞으로 누구와, 어디서 살아

가게 될까?'

 남편은 결혼과 동시에 해외 플랜트 현장에서 일했다. 발전소를 짓는 일이었기에 가족이 함께 사는 시간은 늘 부족했다. 셋뿐인 가족이었지만, 함께한 날은 손에 꼽을 정도였다. 그래서 조심스레 물었다. "딸은 자기가 살고 싶은 곳을 정했는데, 당신은 나중에 어디서 살고 싶어?" 남편은 담담히 말했다. "직장 다니는 사람은 발령받는 곳에서 사는 거지. 내가 살고 싶은 데서 사는 게 어딨어. 넌 네가 가고 싶은 데로 가."

 딸의 말과 남편의 말이 겹쳐서 들리는 순간, 가슴 한편이 찢어지는 듯했다. 정말로 혼자 살게 될지도 모르겠다는 생각이 스쳤다. 그때부터 '독립'이라는 단어가 마음속에 조용히 스며들기 시작했다. 그러나 거울 속 내 모습은 너무 낯설었다. 오랫동안 나를 돌보지 않은 흔적이 고스란히 남아 있었다. 면역력이 약해져 입이 돌아가는 구안와사를 겪었고, 체중은 8년 전보다 13kg이나 늘어나 있었다. 또래보다 늙어 보이는 얼굴, 축 처진 어깨, 탁한 눈빛. 몸도 마음도 망가져 있었다.

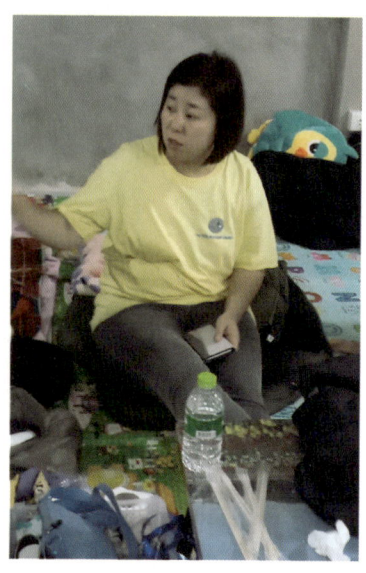

2019년, 현재보다 15kg 살이 찐 모습

슬픔이 밀려왔다. 변화를 원했지만 어디서부터 손을 대야 할지 알 수 없었다. 그러던 중 우연히 본 자기계발 영상이 마음을 뒤흔들었다.

"인생을 축구 경기로 비유해 봅시다. 전반전 45분과 후반전 45분. 지금 당신 나이가 46세라면, 이제 막 후반전이 시작된 겁니다. 그렇다면 전반전을 살았던 방식 그대로 후반전도 이어가고 싶습니까?"

그 질문을 듣는 순간, 다리에 힘이 풀려 그 자리에 주저앉아 엉엉 울었다. '왜 그랬을까.' 인생의 전반전을 누구보다 열심히 살았다고 자부하면서도 그 전반전을 살았던 방식 그대로 후반전도 살아야 한다고 생각하니, 다시는 그렇게 살고 싶지 않다는 절박함이 한꺼번에 밀려왔기 때문이다.

그제야 깨달았다. 열심히 살았지만 정작 '나'를 위해 산 시간은 거의 없었다. 전반전이 '희생'이라는 이름으로 나를 쪼개 남들에게 나눠준 시간이었다면, 후반전은 온전히 나를 위해 살아보기로 결심했다. 그러나 무엇을 어떻게 해야 할지는 몰랐다. 그래서 무작정 걷기 시작했다.

그때 내가 살던 곳은 태국 파타야였다. 딸을 등교시키고 나면 태양이 가장 뜨거운 시간대였다. 동남아의 강렬한 햇살 아래, 아무도 걷지 않던 시간에 마프라찬 호수 둘레길을 묵묵히 걸었다. 처음엔 10km를 걷는 데 세 시간 반이 걸렸다. 몸살이 난 듯 피곤해서 딸의 하교 시간을 놓친 적도 있었다. 하지만 지치고 힘든 와중에도, 이상하게 다음 날이면 또 그 호숫가에 서 있었다. 그렇게 1년 동안, 365일 중 딱 5일만 빼고 매일 걸었다. 인생 후반전을 다르게 살고 싶다는 절실함이 나를 이끌었다.

그 호수를 돌며 다짐했다. '지금은 10km도 버거운 몸이지만, 언젠가는 800km도 거뜬히 걷고 달릴 수 있는 사람이 되자.'

그렇게 내 인생의 후반전이 시작되었다. '앞으로 누구와, 어디서 살아야 할까?' 그 물음에서 시작된 길을 내 두 발로 당당히 걸어 내어, 마침내 내 삶의 주인이 되고 싶었다.

걷기는 내 안에 묻혀 있던 감정을 하나씩 끌어올렸다. 땀과 함께 후회가 흘러나왔고, 발끝에 힘이 실릴수록 생각이 단순해졌다. 처음엔 그저 걷기였지만, 어느 날부터인가 발이 스스로 달리고 있었다. 바람이 얼굴을 스치자 묘한 자유로움이 피어올랐다. 누가 시켜서도, 누군가를 위해서도 아닌, 오직 '나'를 위해 달리는 순간이었다. 숨이 가빠올수록 가슴은 시원하게 뚫렸다.

 달리기는 그렇게 내 삶의 언어가 되었다. 누구에게 보이기 위한 인생이 아니라, 나를 위한 삶을 쓰는 새로운 문장. 내 인생의 후반전 첫 문장은 이렇게 시작되었다. '달리기로 다시 살아보기.'

목차

프롤로그 왜 달리기였을까?　004

Start 인생을 다시 시작하다

1. 딱 1분만, 그게 나의 시작	**017**
2. 선글라스를 끼고 달리는 이유	**022**
3. 변실금이어도 달린다	**027**
4. I'm a Runner	**032**
5. 함께 달리는 <부단히런>의 시작	**038**
6. 받는 아이에서, 주는 어른으로	**043**

Running 런터뷰, 삶의 변화를 기록하다

몸이 달라진 감동의 순간들

1. 약 봉투 대신 운동화   **053**

2. 다이어트, 그 이상의 변화   **056**

3. 몰래 찾아온 불청객, 통증과의 이별   **059**

마음을 회복한 치유의 순간들

1. 마음이 멈춘 날 페이스를 다시 찾다   **065**

2. 먼지처럼 쌓여 호흡으로 흩어지다   **069**

3. 외로움이 길이 되어 나를 이끌다   **073**

꾸준함이 만든 기적 같은 순간들

1. 꾸준함을 시스템에 가두니, 루틴이 삶이 되었다   **079**

2. 혼자 뛰던 페이스가 함께하는 리듬으로 이어졌다   **082**

3. 12.25km를 달리며, 나에게 선물을 건넸다   **086**

Finish 완주의 철학을 발견하다

1. 망설임보다 한 발 먼저	**093**
2. 달리기도 삶도, 내 페이스로	**099**
3. 인증의 늪, 꾸준함의 비결	**104**
4. Stop & Start Again	**109**
5. 고통 끝에 완주라는 열매	**115**
6. 거리 늘리기는 함께 Go	**121**
7. 코스 위에서 연결되는 세상	**127**
8. 완주, 끝이 아니라 지속	**134**

Steady 달리며 세계를 여행하다

1. 빈홈 센트럴 파크, 나의 0km - 베트남 호찌민	143
2. 부부가 함께 달린 문화유산의 길 - 베트남 하롱베이	150
3. 마프라찬 호수, 걷던 길에서 달리는 나로 - 태국 파타야	157
4. 선물 같은 러닝 코스, 스탠리파크 - 캐나다 밴쿠버	163
5. 러닝의 성지, 벤자끼띠와 룸피니 - 태국 방콕	169
6. 나이아가라 폭포의 굉음 속으로 - 캐나다 토론토	176
7. 와인이 흐르는 포도밭 길의 달음박질 - 스페인 리오하	183
8. 도전을 성공으로 바꾼 아침 - 프랑스 비아리츠	189
9. 커피 향을 따라 바다와 예술을 달리는 길 - 미국 시애틀	195
10. 달릴수록 보물이 되는 섬 - 대한민국 제주	201

에필로그 달리기는 핑계고   210

부록 1	초보 러너를 위한 운동 팁	215
부록 2	초보 러너를 위한 달리기 필수 용어 정리	219
부록 3	<부단히런> 20인의 러너 프로필	221

Start
인생을 다시 시작하다

인생의 전반전은 부지런했지만 활기가 없었다.
하루하루 최선을 다했지만 무미건조했다.
웃음은 줄고, 설렘은 희미해지고,
그렇게 흑백사진 같은 나날이 이어졌다.

그러던 어느 날, 누군가가 말했다.
"달리기가 꽤 좋더라."
그 말이 이상하게 마음에 남았다. 도대체 뭐가 그렇게 좋다는 걸까?
호기심 하나로 러닝화도 아닌 일상화를 신고 밖으로 나갔다.
단 1분 달렸을 뿐인데, 숨이 차오르고 심장이 뛰었다.
몸보다 마음이 먼저 깨어나는 느낌이었다.
땀방울이 떨어질 때마다 오래 쌓였던 생각들이 흘러나가고,
그 자리에 새로운 마음이 자리 잡았다.

달리기가 많은 것을 바꾸어 놓았다.
다이어트가 필요 없는 몸이 되었고, 체력은 이전보다 훨씬 좋아졌다.
좋은 습관이 자리 잡기 시작하자, 일상은 조금씩 빛을 되찾았다.
혼자서 시작했지만 어느새 사람으로 이어졌고,

함께 달리는 발소리 속에서 마음의 근력이 자랐다.
그 연결이 내일의 발걸음을 한결 가볍게 했다.

이제 하루는 더 이상 고여 있던 시간이 아니다.
달리기로 시작되는 하루하루가 다채로운 삶의 축제 현장이 되었다.
몸이 가벼워지고 생각이 맑아질수록 하루는 선명한 색으로 채워졌다.
무채색의 시간을 지나 나는 드디어 명랑한 어른이 되었다.
그 축제의 시작은 아주 작은 호기심, 단 1분의 달리기였다.

1 딱 1분만, 그게 나의 시작

하루 10km를 걷는 일은 이제 특별하지 않았다. 두 시간 동안 운동하는 것도 억울하지 않았다. 그렇게 걷기가 몸에 배어갈 무렵, 한 통의 전화가 걸려 왔다.

"언제까지 그렇게 걷기만 할 거야? 달리면 네가 걷는 시간은 반으로 줄고, 게다가 묘한 쾌감도 있다니까."

그는 내 걷기 습관을 잘 아는 언니였다. 나는 웃으며 대꾸했다. "내 나이에 무슨 달리기야. 무릎 나가고 고관절 다치면 어쩌려고. 그냥 지금처럼 걷는 게 낫지." 그러자 언니의 다음 말이 나를 멈칫하게 했다.

"난 요실금도 있어. 그런데도 달려. 요즘은 앱이 얼마나 잘 돼 있는데. 1분 달리기부터 시작해서 8주면 누구나 30분 연속으로 뛸 수 있게 도와줘. 1분은 할 수 있잖아? 한번 믿고 해봐."

그 순간 문득 생각이 들었다. '그래, 1분은 할 수 있겠지.'

하지만 버튼을 누르기 전, 마음 한편에서는 자꾸만 불안이 올라왔다. 젊은 사람도 아니고, 이미 중년의 몸인데 과연 달릴 수 있을까? 무릎이라도 다치면 이제야 겨우 취미로 자리 잡은 걷기마저 못하게 될지도 모른다는 막연한 두려움이 밀려왔다. '아무렇게나 달리면 되는 걸까? 자세는 어떡하지? 숨은 어떻게 쉬어야 하지?' 그런 막막함 속에서도 이상하게 '한 번쯤은 해보고 싶다.'라는 설렘이 함께 피어올랐다. 걷기를 통해 꾸준히 하면 몸도 마음도 익숙해진다는 걸 이미 알고 있었으니까 이번에도 그 믿음을 따라보기로 했다.

나는 결국 달리기 앱을 설치했다. 그리고 버튼을 눌렀다.

'1분 달리기.'

정말 똑같은 1분인데, 그 1분을 달렸다는 사실 하나로 가슴이 뛰었다. 숨은 가빴고, 다리는 무거웠지만, 마음속에서는 뭔가 크게 흔들렸다. '내가 1분을 달릴 수 있단 말이야?' 그 짧은 1분이 그렇게 기분 좋을 수가 없었다. 걷기만 하던 내가 드디어 뛰었다는 사실이 믿기지 않았다. 바로 그 순간이 내 달리기의 첫 시작이었다.

그 후로는 1분 달리고, 1분 걷고 그렇게 반복하다 보면 어느새 5분이, 10분이 지나 있었다. 그 조그만 성취감이 다시 나를 밖으로 끌어냈다. 마음의 안개가 걷히듯, 뛰는 동안만큼은 아무 생각도 들지 않았다. 오직 나와 숨소리, 땅을 딛는 발걸음 소리만이 함께했다.

8주, 꼬박 두 달 동안 런데이 앱이 시키는 대로 주 3회 달리기를 이어갔다. 마지막 주, '30분 달리기 인증' 도장을 찍고 싶은 마음에 버튼을 눌렀다. 연속으로 30분을 달리며 숨이 턱까지 차올랐지만, 앱 속에서 "대단합니다!"라는 보이스 트레이너의 목소리가 들리자, 그 뿌듯함은 이루 말할 수가 없었다. 하늘을 올려다보며 눈물이 찔끔 흘렀다. 결국 해냈다는 마음, 그날만큼은 내가 나를 크게 안아준 날이었다.

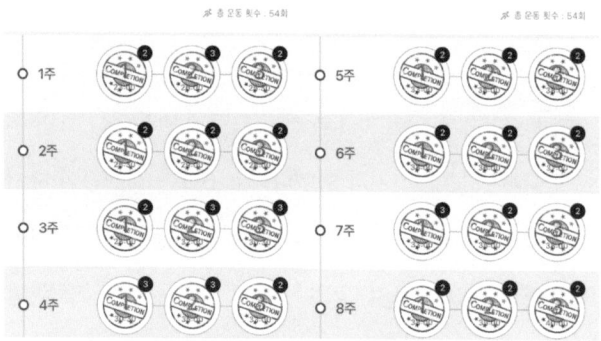

런데이 달리기 앱 30분 달리기 도전 8주 완성

그 후로 달리기는 내 하루의 루틴이 되었다. 정해진 시간은 없었다. 일이 끝나면, 혹은 마음이 답답하면, 그냥 운동화를 신고 밖으로 나갔다. 달리기를 하면서 몸이 변하기 시작했고, 마음은 그보다 더 빠르게 회복되었다. 사람의 표정, 계절의 냄새, 바람의 온도까지 다르게 느껴졌다.

달리기는 단순한 운동이 아니었다. 달리는 동안 마음의 먼지를 털고, 복잡한 생각을 정리하며, 진짜 나를 만나는 시간이었다. 그 작은 1분이 내 인생을 180도, 아니 360도로 송두리째 바꾸어 놓을 줄은 그때는 미처 몰랐다. 달리기는 그렇게, 치유의 선물로 내게 찾아왔다.

 ## 선글라스를 끼고 달리는 이유

특별한 달리기 준비물이 있다. 바로 어두운 톤의 선글라스다. 남들에게는 햇볕을 가리기 위한 달리기용 액세서리일 뿐이지만, 나에게는 달랐다. 울고 싶어 달린 날들을 위해 마련한 비밀병기였다.

달리다 보면 누구나 한 번쯤은 겪는 순간이 있다. 스멀스멀 묻어두었던 감정이 불쑥 솟구쳐 오르는 때다. 기억하고 싶지 않았던 일, 애써 덮어둔 마음이 달리기의 리듬을 따라 고개를 들면 얼굴의 구멍마다 감정이 쏟아져 나온다. 눈에

서는 눈물이, 코에서는 콧물이, 입으로는 꺼이꺼이 울음소리가, 얼굴은 땀이 범벅이 된다. 그 모든 못생김을 단번에 가려줄 비밀병기, 그것이 바로 어두운 톤의 선글라스였다.

나만의 달리기용 비밀 병기

달리기를 시작한 지 두 달쯤 되었을 무렵이었다. 드디어

30분을 연속으로 달릴 수 있게 된 시기였다. 처음 10분을 끊임없이 달렸을 때의 그 흥분은 아직도 생생하다. 걷기와는 전혀 다른 세계였다. 뛰는 쾌감은 몸속 깊은 곳에서 솟구쳐 올라 나를 다른 사람으로 만들어 주는 듯했다.

그 무렵 남편과 돈 문제로 크게 다투었다. 평소 같았으면 마음이 무거울 때 집 밖으로 나가기보다 틀어박혀 못난 생각만 곱씹으며 하루 종일 기분을 망쳤을 것이다. 그런데 달리기를 시작한 이후로는 그런 감정이 올라오면 이상하게도 먼저 신발부터 찾게 되었다. 달리기 비밀병기인 선글라스 착용은 필수였다.

뛰기 시작하자마자 선글라스 밑으로 눈물이 흘렀다. 달리며 내쉬는 숨이 하얗게 퍼질 때, 눈물방울이 볼을 타고 흘러 렌즈 안쪽을 뿌옇게 적셨다. 울음소리는 바람과 자동차 소음, 새소리에 묻혀 누구도 눈치채지 못한다. 오히려 달리는 동안엔 나조차 내가 울고 있는지 모를 때가 있다. 그런데 이상하게, 그렇게 실컷 울며 달리고 나면 속이 후련해졌다. 집 안에서 휴지로 눈물을 훔칠 때와는 전혀 다른 종류의 해방감이었다.

그 이후로 울고 싶을 때마다 달리러 나갔다. 멀리 해외에서 공부 중인 딸이 힘든 일을 겪을 때도, 전화를 끊고 나도 모르게 운동화를 꺼내 신었다. 딸의 목소리가 귓가에 맴돌 때마다 내 발걸음은 멈추지 않았다. 뛰다 보면 선글라스 밑으로 눈물이 줄줄 흘러내렸지만, 돌아오는 길에는 마음이 한결 가벼워졌다.

이웃들의 헛소문, 엄마와의 서운함, 언니와의 말다툼… 크고 작은 일상의 상처들이 밀려올 때마다 새로운 해소법을 찾은 셈이었다. 달리는 행위가 딱히 해답을 주진 않았지만, 묵은 감정을 붙들고 있지 않게 해주었다.

그래서 초반의 나에게 달리기는 곧 '울고 싶어서 뛰는 시간'이었다. 선글라스를 챙겨 쓰고, 운동복을 입은 채 밖으로 나서면 눈물이 먼저 흘렀다. 그러다 탁, 탁, 탁, 운동화가 땅을 두드리는 소리와 함께 마음속 해묵은 감정은 조금씩 사라져 갔다. 달리기는 나를 울게 했고, 그 울어낸 마음으로 다시 살게 했다.

 ## 변실금이어도 달린다

우리 나이 여성이 서로 굳이 말하지 않아도 다 아는 고민이 있다. 바로 중년 여성의 상징처럼 따라붙는 요실금, 그리고 그 너머의 소리 없이 찾아오는 변실금이다. 변실금은 의지와 상관없이 변이 새어 나오는 현상으로, 출산 경험이 있거나 나이가 들수록 가능성이 커진다.

20대 대학생 시절, TV 화면에서 노년의 유명 배우가 성인 기저귀 '디펜스'를 광고하던 모습이 떠오른다. 그때는 전혀 이해되지 않았다. '성인이 되어 똥오줌이 새어 나와 기저

귀를 차야 한다면 차라리 죽어야 하는 거 아닌가?' 철없고 무지했던 시절의 생각이었다. 게다가 한술 더 떠 배우의 이미지가 손상되지 않을까 걱정스럽기까지 했다. 하지만 지금 돌아보면, 중년 여성의 대표적인 얼굴이 광고에 나섰기에 많은 사람들의 공감을 끌어내며 매출로 이어졌겠다고 짐작된다.

내가 운영하는 걷기·달리기 온라인 동호회 〈부단히런〉의 가장 큰 장점은 비슷한 나이대 여성들이 함께한다는 점이다. "아" 하고 말하면 "어" 하며 척 알아듣는다. 신체 변화 이야기도 "맞아, 맞아." 하며 고개를 끄덕인다. 혼자 달리던 시절에는 내 신체적 고민을 굳이 밖으로 꺼낼 필요가 없었다. 그런데 친구들에게 달리기를 권하며 속사정을 털어놓자 〈부단히런〉 회원 중 지니 님이 이렇게 말했다.

"나는 달릴 수 없는 이유가 있어요. 뛰면 오줌이 새어 나와. 그리고 똥도…."

그 순간 나도 모르게 외쳤다.

"당신도? 저도 그렇잖아요!"

이제는 소변과 배변을 조절하기 어려운 나이가 되어 똥오줌 얘기가 이렇게 반가울 수가 있다니. 처음 달리다 그런 일을 겪었을 때 충격에 빠졌다. 자존심은 무너졌고, '이제 할머니가 된 건가?'라는 좌절이 밀려왔다. 하지만 초록 창에 검색해 보니, 대한민국 여성의 40%가 겪는 문제라고 했다. 100명 중 40명이 나와 같은 상황이라니, 이건 더 이상 나만의 문제가 아니었다. 예전 같았으면 '이래서 못 하고, 저래서 못 한다.'라며 멈췄을 것이다. 하지만 지금은 달리기를 멈추지 않을 방법을 찾아 내고야 만다.

첫째, 달리기 코스에 화장실이 있는지 미리 파악한다.
둘째, 처음 가보는 길이라면 위생 패드를 착용하고, 여분의 팬티를 챙긴다.
셋째, 그래도 일이 벌어지면, '그런데도 달린 나'를 칭찬한다.

내 경험을 지니 님에게 이야기했을 때 부끄럽지 않았다. 오히려 나의 실수를 통해 그녀에게 '달릴 수 없는 이유가 아니다.'라는 용기를 주고 싶었다. 그렇게 우리의 대화는 다른 멤버들에게도 달릴 수 없다는 핑계를 허락하지 않는 힘이 되었다.

하루는 남편에게 3km 달려 마트에 다녀오자고 했다. 그런데 1km쯤 달리자 묵직한 신호가 왔다. 이 길은 처음이어서 화장실이 어디 있는지 알 수 없었다. 사방을 둘러보아도 몸을 숨길 곳조차 없었다. 게다가 남편은 운동 효과를 높이겠다며 거리를 5km로 늘려버렸다. 간신히 마트 화장실에 도착했을 때는 이미 늦었다. 나는 힘껏 괄약근을 조이며 달렸지만, 내 몸은 그 사실조차 눈치채지 못한 채 흘려보내고 있었다. 그 순간 느낀 건 슬픔이었다. 내 몸의 기능이 쇠약해질수록, 자존심도 함께 무너지는 비례 관계를 실감했다. 성인이 되어 개인위생조차 해결하지 못하면 짜증, 분노, 우울로 이어질 수 있음을 몸으로 깨닫는 순간이었다.

그럼에도 달린다. 이유는 아무것도 하지 않으면 변화도 성취도 없이 살아가야 하기 때문이다. 40~50대에 찾아오는 신체 변화를 부정한다고 문제에서 벗어날 수 있는 건 아니었다. 달리는 할머니로 늙고 싶은 마음은 이제 더 이상 핑계를 허락하지 않았다. 그날 이후 근력 운동 루틴에 케겔 운동을 포함했다. 내 몸의 작은 근육 하나도 내 맘대로 되지 않는 현실 앞에서 더욱 겸손해지며 하루하루를 쌓아간다.

막연한 두려움과 창피함을 이겨내니 할 수 있는 게 많아졌다. 실수를 견디지 못해 달리지 않았다면, 지금까지 달리기를 이어오지 못했을 것이다. 실수가 잦아질수록 성장은 커졌다.

그 결과, 풀코스 마라톤을 여섯 번이나 완주했다. 여전히 변실금은 진행형이지만, 달리기도 현재 진행형이다. 언제 어디서나 달리는 사람이 될 수 있었던 건, 더 이상의 핑계를 찾지 않았기 때문이다.

 ## I'm a Runner

소개받은 달리기 앱 '런데이'를 통해 30분 연속 달리기를 완주한 뒤, 어느덧 50분 연속 달리기까지 해내게 되었다. 그 무렵, 생애 첫 10km 마라톤 대회에 도전장을 내밀었다. 50분을 아주 느리게 달려도 7km는 채울 수 있었기에, '조금만 더 해보면 10km도 가능하지 않을까?' 하는 작은 자신감이 생겼다. 남편의 도움을 받아 동네 마라톤 대회에 등록하고부터는 매일 아침 심장이 두근거렸다. 이 나이에 새롭게 도전할 일이 생겼다는 사실만으로도 마음이 들떴다.

어차피 혼자 달리는 거라 비교할 상대도 없었고, 속도는 중요하지 않았다. 나의 달리는 자세도, 입고 달리는 옷도, 신발도, 누구와도 비교하지 않았다. 목표는 오직 단 하나, '첫 완주'. 그것만 생각하니 모든 것이 단순해지고 가벼워졌다.

대회 당일, 입이 떡 벌어졌다. 어디서 쏟아져 나온 사람들인지, 대회장을 가득 메운 남녀노소의 러너들을 바라보며 벅찬 감동이 밀려왔다. 그들의 에너지 넘치는 움직임이 내게도 전해졌다. 출발을 알리는 총소리가 울리고, 그들과 함께 첫발을 내디뎠다. 역시나 연습하지 않았던 7km 지점부터는 점점 힘에 부쳤다. 하지만 조금만 더 달리면 10km 완주라는 벅찬 목표에 도달할 수 있다는 생각에 해내고 싶은 마음이 불끈 솟았다. 결국 해냈다.

10km 대회를 성공적으로 마친 후, 다음 목표는 자연스럽게 하프 마라톤으로 옮겨갔다. 한 번쯤은 내 한계를 뛰어넘는 경험을 해보고 싶었다. 두 달 뒤, 첫 하프 마라톤을 완주했고, 또 6개월 후 두 번째 하프 마라톤까지 달렸다. '죽을

2023년 2월 12일 호찌민 미드나잇 10km 첫 완주

것 같다.'라는 말이 절로 나올 줄 알았는데, 이상하게도 '이 정도면 8km는 더 뛸 수 있겠는데?'라는 생각이 들었다. 그 날이 바로, 내가 풀코스를 향해 달려가기 시작한 날이었다.

두 번째 하프 마라톤이 있었던 달은 2023년 11월. 그리고 두 달 뒤, 2024년 1월에 열리는 풀코스 마라톤 대회에 주저 없이 접수했다. 남편은 처음엔 걱정이 앞서선지 말했다. "지금까지 네가 운동하는 사람이 된 건 참 좋은 변화지만 풀코스는 쉽게 완주할 수 있는 게 아니야." 그 말에 잠시 흔들렸지만 이번만큼은 포기하고 싶지 않았다. "여보, 나할 수 있을 것 같아." 훗날 남편은 고백했다. 그때는 정말 내가 완주할 거라고는 상상도 못 했다고.

그렇게 도전한 생애 첫 풀코스 마라톤. 고통의 끝이라 불리는 38km 지점을 지날 때, 감격보다 먼저 찾아온 것은 전신의 고통이었다. 멋진 결승선의 자세는커녕, 구급차에 실려 가도 이상하지 않을 모습으로 겨우 결승선을 통과했다. 울면서, 그렇게 완주했다. 하지만 그날의 고통은 평생 잊지 못할 선물이 되었다.

몸은 산산이 부서질 듯 아팠지만, 이제 진짜 '걷는 사람'을 넘어 '뛰는 사람'이 되어가고 있다는 확신이 들었다. 매일 5km 이상 달린다. 마라톤 대회도, 기부런 이벤트도 꾸준히 참가한다. '언제든지 달릴 준비가 된 사람'이 되자, 꿈도 함께 커졌다. 세계 7대 마라톤 완주라는 버킷리스트가 생겼고, 달리며 맛있는 걸 먹으러 가는 부부가 되었고, 천 개 지역 달리기라는 개인 프로젝트도 시작했다.

2024년 1월 14일 호찌민 시티 마라톤 42.195km 첫 완주

걷는 사람에서, 달리는 사람으로. 그렇게 나는 거듭났다. 그리고 이 달리기는 이제 멈출 수 없는 내 삶의 리듬이 되었다. 새벽 달리기를 마치고 집으로 오는 길, 문 닫힌 가게의 쇼윈도에 비친 땀에 흠뻑 젖은 나에게 속삭인다. "나 좀 멋져 보이는걸?"

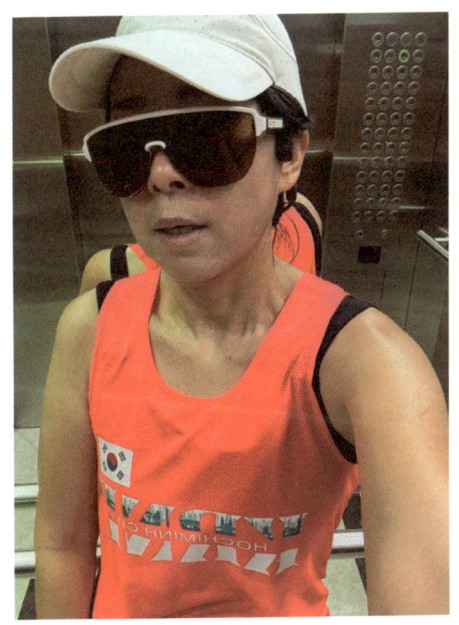

거울 속에 비친 땀이 밴 러너 복을 입은 모습

Start 인생을 다시 시작하다

 ## 함께 달리는 <부단히런>의 시작

 혼자 달리기를 시작하면서 내가 얻은 가장 큰 선물은 마음의 치유였다. 달리기를 통해 마음이 평안해지자, 이제는 주변을 돌아볼 여유가 생겼다. 초보 러너의 시간을 지나고 나니, 나와 같은 중년의 초보 러너들을 도와주고 싶은 마음이 꿈틀거렸다. 하지만 어떻게 시작해야 할지, 어떤 방식으로 도울 수 있을지는 여전히 막연했다.

 그 무렵, 글쓰기 모임의 수장이었던 '꿈꾸는 유목민'이 내게 제안을 건넸다. "아주나이스 님도 다른 초보 러너들을 위한 운동 동호회를 온라인에서 만들어 보세요." 그 말을 듣고도 쉽게 수긍할 수 없었다. 풀코스 마라톤을 한 번 완주하긴 했지만, 내가 굳이 사람들을 모아 공동체를 만들 이유를 찾기 힘들었다. 사실 속마음은 두려움 때문이었다. '내가 뭔데? 보통의 아줌마인 내가 무슨 권한으로 사람들을 이끌 수 있을까? 과연 사람들이 내 말을 따라줄까?' 혼자 하는 건 잘할 수 있어도 남을 이끈다는 건 전혀 다른 일이었다.

하지만 그녀는 아주 단순했다. "그냥 한번 해보세요. 만들면 돼요. 만들면 사람이 옵니다." 망설이는 나와 달리, 그는 '왜 아직도 시작하지 않지?' 하는 눈빛으로 나를 바라봤다. 그 단순한 태도가 낯설면서도 큰 자극이 되었다. 나는 이미 달리기로 내 삶을 바꾸었으니, 또 한 번 새로운 도전을 해볼 수 있지 않을까? 두려움 반, 용기 반의 마음으로 결국 결단을 내렸다. 그렇게 해서 〈부단히런〉이라는 운동 공동체가 세상에 첫발을 내딛게 되었다.

처음엔 두려웠다. 그래서 아는 사람들, 함께 운동하던 지인들부터 조심스레 불러 모았다. 달리기에 푹 빠져 있던 나는 만나는 사람마다 달리기가 얼마나 좋은지 이야기하곤 했고, 그 에너지가 결국 사람들을 조금씩 끌어들였다. 놀라운 건, 보이지 않는 온라인 공간이었는데도 모두가 같은 공동체라는 소속감을 느꼈다는 사실이다.

"오늘 너무 피곤한데… 그래도 저 사람이 나갔네."
"눈 오는 날에도 운동했다니, 나도 할 수 있겠다."
 서로의 인증 글과 기록은 곧 서로의 동기가 되었다. 남이 해내는 모습을 보며 자신들도 조금씩 앞으로 나아갈 힘을 얻었다.

 3년 동안 빠짐없이 시청한 유튜브 〈하와이대저택〉의 운동 습관 영상과 〈마라닉 TV〉 콘텐츠, 그리고 수십 권의 심리 관련 서적을 토대로 매주 '마인드셋 메시지'를 전했다. 특히 40~60대 러너들이 단단한 마음을 지닐 수 있도록, 운동에 도움이 되는 글귀나 영상을 주차 별로 공유했다. 의외로 그것이 큰 힘이 되었는지, 모두가 1분 달리기에서 시작했는데 불과 8주 만에 30분 연속 달리기에 성공하는 사람들이 속출했다.

그렇게 〈부단히런〉은 단순한 운동 동호회가 아니라 삶의 활력을 나누는 공간이 되었다. 같은 취미를 가진 사람들, 같은 시기에 비슷한 성취를 이룬 사람들이 모여 서로의 이야기를 나누고, 잊고 있던 '살아 있음의 증거'를 되찾았다. 어떤 이는 이렇게 말하기도 했다. "지금 내 삶을 남편도, 자식도 관심 두지 않는데 〈부단히런〉에서 내가 살아 있다는 증표를 찾았어요."

우리끼리의 작은 잔치 같았다. 재미있고, 의미 있고, 또 살아 있는 모임. 그렇게 탄생한 〈부단히런〉은 어느새 2년이 흘러 지금은 마치 원래부터 존재했던 것처럼 자리 잡았다. 무(無)에서 유(有)를 만들어낸 작은 용기, 그것이 〈부단히런〉의 시작이었다.

2024년 4월 21일 경기마라톤 대회 〈부단히런〉 첫 참가

달리기는 핑계고

 ## 받는 아이에서, 주는 어른으로

 2024년 여름, 베트남 호찌민에서 차로 세 시간가량 달려 도착한 껀터시. 메콩 삼각주의 중심이자 베트남의 곡창지대라 불리는 이곳에는, 한국 아버지와 베트남 어머니 사이에서 태어나 버려진 아이들을 돌보는 '한베 아동 돌봄 센터'가 있다. 작은 운동장에서 땀을 뻘뻘 흘리며 뛰노는 아이들을 바라보고 있으면, 내 마음은 자꾸 40년 전 어린 시절로 되돌아간다.

 나는 다섯 살 무렵부터 아버지 없는 가정에서 자랐다. 엄마는 하루 종일 미용실에서 다른 이의 머리를 만지느라 우리에게 애정을 쏟을 여유가 없었다. 한 달에 한 번, 동사무소에서 정부가 제공하는 쌀을 받아야 했는데, 형제끼리 누가 그 쌀을 받으러 갈지를 두고 늘 다퉜다.

"이번엔 네 차례야."

"왜 나만 가야 해?"

티격태격하다가, 결국 마음이 약한 내가 나서곤 했다. 두 손으로 5kg 남짓한 쌀 봉투를 꼭 끌어안고, 얼굴을 파묻은 채 집으로 달려오던 기억이 아직도 선명하다.

해마다 크리스마스가 되면, 좁은 방에 옹기종기 모여 TV 속 장면을 보았다. 커다란 집 거실에서 온 가족이 모여 선물을 주고받는 모습. 그때마다 '이번 크리스마스에는 산타가 우리 집을 넓고 따뜻하게 바꿔주지 않을까?' 하는 상상을 했다. '언젠가는 받는 사람이 아니라, 주는 사람이 되어야지.'라는 다짐이 내 안에 자리 잡은 것은 어쩌면 그때부터였을 것이다.

40년 후, 나는 그 마음을 품고 껀터에 섰다. 한국 국적을 가진 한베 가정 아이들이 정작 베트남에서는 외국인으로 분류되어 혜택을 받지 못하고, 병원 치료조차 어려운 현실을 직접 들었다. 그리고 내가 좋아하는 '달리기'를 통해 이 아이들을 도울 기회가 찾아왔다.

크리스마스 기부런 준비를 위한 코쿤센터 사전 방문

Start 인생을 다시 시작하다

그렇게 시작된 것이 바로 〈선물 받아라 런〉이다. 크리스마스를 기념해 12월 한 달 동안 12.25km를 걷거나 달리며 기부금을 내는 운동이다. '열한 달은 나를 위해 달렸다면, 마지막 한 달만큼은 남을 위해 달리자.' 그것이 이 프로젝트의 시작이자 신념이었다. 첫해, 달리기 공동체 〈부단히런〉과 호찌민 러닝 동호회가 힘을 모아 420만 원을 전달할 수 있었다. 그 돈이 아이들의 의료보험과 치료비로 쓰였다는 소식을 들었을 때, 내 마음은 오히려 선물을 받은 듯 따뜻했다.

이제 또다시 크리스마스가 다가온다. 40년 전, 만 원어치 쌀을 받던 아이가 1000배가 된 일천만 원을 세상에 돌려주

는 일을 준비하고 있다. 연예인도, 유명인도 아닌 평범한 사람 100명이 함께 달려 모은 1천만 원을 12월 25일 껀터 아이들에게 전하는 일. 그것이 올해 내가 받고 싶은 크리스마스 선물이다.

어린 시절 도움을 받던 아이였던 나는 이제 주는 어른으로 성장했다. 그러나 그 길은 결코 혼자서는 완성할 수 없었다. 평범한 사람들이 함께 달리며 만들어낸 단합과 모이는 힘이 있었기에 가능한 일이었다.

받는 아이에서 주는 어른으로, 혼자 달리기에서 함께 달리기로 이어진 연결. 그것이야말로 달리기가 내게 선물해준 가장 큰 완주다.

Running
런터뷰, 삶의 변화를 기록하다

달리기의 이유는 사람마다 다르다.
누군가는 건강을 되찾기 위해,
누군가는 마음의 무게를 덜기 위해,
또 누군가는 단순한 호기심으로 운동화를 꺼내 신는다.

이 장에는 달리기를 통해
몸이 달라지고,
마음을 회복하고,
꾸준함으로 기적 같은 순간을 만들어낸 사람들의 이야기가 담겨 있다.

땀은 각자의 사연을 씻어내고, 호흡은 저마다의 상처를 덮어준다.
어제의 걱정과 오늘의 피로가 달리는 바람 속에 먼지처럼 흩어진다.
같은 방향으로 달리는 누군가의 뒷모습이 위로가 되고,
함께 달리는 발구름 소리는 느려지는 나의 심장 박동에 박차를 가한다.

그렇게 오감을 깨우는 달리기는
몸의 감각을 되살리고 마음을 현재로 이끈다.
달리기가 이어지면서 몸은 점점 더 좋아지고

마음은 조금씩 단단해진다.
출발의 모양은 달라도 끝내는 '나다운 달리기'로 회복되고
다시 내 삶을 사랑하게 된다.

이제, 저마다의 다른 이유로 출발해
달리고, 땀 흘리고, 마침내 웃게 된
러너들의 이야기를 만나보자.

Running

런터뷰, 삶의 변화를 기록하다

몸이 달라진 감동의 순간들

1. 약 봉투 대신 운동화

> **러너 프로필**
>
> **이름:** 정선미(무조건 성공)
> **사는 지역:** 경기도 안산시
> **도전 이력:** 혈압, 당뇨, 고지혈증 3종 약을 끊고, 하루도 빠짐없이 2년째 걷고 달리는 러너
> **러닝 한 줄 메시지:** "나는 무조건 성공한다!"

그녀의 하루는 늘 약 봉투로 시작해 약 봉투로 끝났다. 혈압, 당뇨, 고지혈증 약 세 종류를 매일 챙겨 먹으며 그저 '유지'가 목표였던 삶이었다. 걷는 일조차 버거웠고, 조금만 움직여도 숨이 찼다. 의사는 단호했다. "약은 평생 드셔야 합니다."

그러던 어느 날, 고등학교 동창 모임에서 계단을 오르다

숨이 차서 몇 번이고 멈춰 섰다. 그 모습을 본 친구가 진지하게 말했다. "평생 약 먹으며 이렇게 살래? 내가 도와줄게. 조건 없이 따라올 수 있겠어?" 그 제안을 받아들인 순간, 그녀의 인생은 달라지기 시작했다.

그날부터 하루 3,000보 걷기를 시작했다. 발바닥이 아팠고, 다음 날엔 다리가 굳었다. 하지만 멈추지 않았다. 두 달이 지나자 6,000보, 100일째 되던 날엔 하루 만 보를 걷는 사람이 되었다. 숨이 덜 찼고, 몸이 가벼워졌으며, 마음도 천천히 움직이기 시작했다.

세 달마다 병원에서 받는 진료에도 변화가 찾아왔다. "요즘 무슨 일 있으세요? 이 속도라면 다음번엔 약을 끊을 수도 있겠어요." 의사의 이 한마디가 그녀의 심장을 요동치게 했다. 그날 이후 걷기는 희망이 되었다. 이어서 그녀는 런데이 앱을 설치해 달리기에 도전했다. '조금만 달려볼까?' 하지만 걷기와 달리기는 완전히 달랐다. 숨이 차고 종아리가 터질 듯 아팠지만, 땀방울 하나하나가 약보다 더 큰 안도감을 주었다. 그날 이후 달리기는 그녀의 새로운 약이 되었다.

조금씩 거리를 늘려가던 어느 날, 자신도 모르게 5km를 완주했고, 그 다음엔 10km까지 달렸다. '매일의 작은 움직임이 쌓여, 결국 내 삶을 다시 세우는 일이 되었구나.' 그녀는 그 사실을 마침내 깨달았다.

그녀는 그날 이후 단 하루도 쉬지 않았다. 비가 오면 우비를 입고, 눈이 오면 모자를 눌러쓰고, 매일 런데이 앱을 켜서 걷고 달렸다. 이제 2년째, 하루도 빠짐없이 운동 기록을 남기고 있다. "운동을 안 한 날이 단 하루도 없어요. 그게 제 닉네임 '무조건 성공'의 이유죠." 이전엔 결과만 중요시했지만, 이제는 과정의 땀방울에서 기쁨을 느낀다.

달리기를 시작한 이후 그녀의 하루는 '유지'가 아니라 '진행형'이 되었다. 약 봉투로 얻을 수 없던 건강, 그리고 자신을 믿는 힘. 그 모든 것을 약 봉투 대신 운동화가 선물해 주었다.

다이어트, 그 이상의 변화

러너 프로필

이름: 박용주(달리는 조아)
사는 지역: 경상남도 김해시
도전 이력: 가족의 암 투병을 계기로 건강을 되찾기 위해 달리기를 시작, 6개월간 38kg 감량 후 장거리 러너로 성장
러닝 한 줄 메시지: "Everyday small wins, 매일의 작은 성공이 나를 만든다."

그의 달리기는 한 사람의 건강을 위한 선택이었지만, 결국 가족과 자신 모두를 살려낸 여정이 되었다. 항암 치료를 앞둔 가족을 위해 자연 치유법을 배우러 갔던 어느 날, 그는 뜻밖의 제안을 받았다. "건강을 되찾고 싶다면 달리기를 해보세요."

처음엔 믿기 어려웠다. 그러나 가족을 위해 무엇이든 해야 한다는 마음 하나로 운동화를 신었다. 걷기부터 시작했다. 숨이 차고, 무릎이 아팠고, 몸은 무거웠다. 그래도 매일 걸었다. 그러자 몸이 조금씩 달라지기 시작했다.

"살이 빠진다는 것보다 내 몸이 내 말을 듣기 시작했다는 게 신기했어요." 그는 그렇게 6개월 동안 38kg을 감량했다. 체중계의 숫자가 내려갈 때마다 자신감은 올라갔다. 달리기가 단순한 다이어트가 아니라 삶의 균형을 되찾는 과정임을 깨달았다.

이제 그의 하루는 새벽 달리기로 시작된다. 일찍 잠자리에 들고 8시간의 수면을 확보하며 하루를 계획적으로 설계한다. 먹는 것도 달라졌다. 커피 대신 물을, 스트레스 대신 땀을 선택했다. "체력이 있어야 내가 하고 싶은 일을 할 수 있습니다. 그래서 오늘도 달립니다. 내일을 위해서."

그의 달리기 주무대는 경남 김해에 있는 율하천이다. 한 바퀴 8km 코스를 가볍게 달리고, 장거리 훈련은 롯데 가든 파크에서 진행한다. 10km 미만일 땐 가민 시계와 음악만, 20km 이상일 땐 러닝 조끼에 물통과 에너지 젤을 챙긴다. 이제 그는 거리마다 무엇을 준비해야 할지, 몸이 먼저 기억한다. 한때는 PB(개인 최고 기록)에 몰두했지만, 이제는 다르다. "기록보다 중요한 건 오늘의 달리기에요. 그날의 나를 이겼다면, 그걸로 충분합니다."

그가 가장 기억에 남는 순간은 2024년 8·15 런이었다. 목표 기록에는 미치지 못했지만, 그 실패 속에서 새로운 목표가 생겼다. "아쉬움이 있어서 다시 도전할 수 있었습니다. 그래서 매년 이날을 제 '도전의 기념일'로 정했어요." 그의 다음 목표는 분명하다. 대구 마라톤 풀코스 5시간 완주, 그리고 7년 안에 세계 7대 마라톤 완주. "60세까지 마라톤 풀코스 100회 완주가 제 꿈입니다. 힘들어도 매일 조금씩 나아가고 싶어요. Everyday small wins. 매일의 작은 성공이 결국 나를 이끕니다." 그는 다이어트, 그 이상의 변화를 자기 삶 전체로 확장하고 있었다.

몰래 찾아온 불청객, 통증과의 이별

러너 프로필

이름: 김애리(미소 천사맘)
사는 지역: 제주 제주시
도전 이력: 말초신경병증, 복합부위통증증후군을 극복하고, 현재 일상 런 2년 차
러닝 한 줄 메시지: "통증은 몰래 찾아오지만, 꾸준함은 조용히 이긴다."

그녀의 몸은 어느 날 조용히 신호를 보내왔다. 발가락 끝에서 시작된 통증이 척추를 타고 올라와 온몸을 짓눌렀다. 처음엔 단순한 피로라고 여겼다. 하지만 계단 몇 칸만 올라가도 숨이 차고, 걷기조차 버거워졌다. 근육은 빠르게 줄었고, 체력은 바닥을 쳤다. 몸의 고장은 곧 마음의 무기력으로 이어졌다.

병원을 전전한 끝에 받은 진단은 말초신경병증과 복합부위통증증후군. 낯설고 긴 이름의 병이었다. 약을 먹고, 물리치료를 받아도 통증은 몰래 찾아왔다. 자고 일어나면 다른 부위가 아팠고, 몸을 움직이는 일은 두려움이 되었다. "내가 예전처럼 움직일 수 있을까?" 그 물음이 하루에도 몇 번씩 떠올랐다.

그러던 어느 날, 의사가 조용히 말했다. "달리기를 시도해 보세요. 통증은 움직여야 빠져나갑니다." 그녀는 망설였다. '달리기라니, 이 몸으로?' 하지만 잃을 게 없었다. 처음엔 걸었다. 정말 천천히, 마치 아픈 몸을 달래듯 발을 옮겼다. 첫날은 10분도 버티지 못했지만, 다음 날엔 15분, 그다음 주엔 30분. 신기하게도 통증이 조금씩 물러났다.

근육이 다시 살아나는 걸 느꼈다. 부기가 빠지고, 몸이 제자리를 찾아갔다. 오래 굳어 있던 관절이 열리면서 그녀의 표정도 풀렸다. 몸의 통증이 줄어들자, 마음의 통증도 함께 옅어졌다. 가장 놀라운 변화는 불면증이 사라진 것이다. 통

중 때문에 뒤척이던 밤이 줄고, 수면제 없이도 잠을 깊이 잘 수 있었다. 매일 아침 눈을 뜨면 몸 안에 에너지가 돌았다. 그 감각이 너무 생소해 처음엔 '이게 뭐지?' 싶은 정도였다.

여전히 통증은 사라진 적이 없다. 다만 관리할 수 있는 '손님'이 되었다. 그녀는 아플 때마다 도망치지 않는다. 그저 신발을 신는다. "아프다고 멈추지 않아요. 달리면 통증이 따라오지만, 언젠가는 그 친구도 점점 뒤로 멀어져요. 모든 일은 마음먹기에 달려 있으니 즐기면서 달릴 거예요."

그녀의 하루는 새벽 다섯 시 반, 제주시 해안도로 위에서 시작된다. 한 걸음씩 내디딜 때마다 몸이 깨어나고 마음이 정돈된다. 〈부단히런〉의 동료들과 함께 달리며 통증은 몰래 찾아오지만, 꾸준함은 조용히 이긴다는 것을 깨달았다.

Running

런터뷰, 삶의 변화를 기록하다

마음을 회복한 치유의 순간들

1. 마음이 멈춘 날 페이스를 다시 찾다

러너 프로필

이름: 김유경(달려야 했니)
사는 지역: 태국 파타야
도전 이력: 코로나 이후 공황과 우울을 겪으며 걷기부터 시작, 약 없이 마음을 회복한 러너
러닝 한 줄 메시지: "그냥 나가라. 나가면 걷게 되고, 걸으면 뛰게 되고, 뛰고 나면 밀린 일도 하게 된다."

그녀는 두 아이의 엄마이다. 언제나 "잘 버텨야 한다."라는 말을 되뇌며 하루를 살아냈지만, 코로나 이후 갑작스레 찾아온 공황과 우울 앞에서는 어떤 의지도 무력했다. 몸은 굳고, 마음은 가라앉았다. 정신과 약을 2년 가까이 복용했지만, 그 약이 준 건 안정이 아니라 무감정의 나날이었다.

그러던 어느 날, SNS 속 한 장의 사진이 그녀를 멈춰 세웠다. 인생의 본보기라 여겼던 선배가 새벽마다 마프라찬 호수를 걷는 모습이었다. 이유 없이, 꾸준히, 묵묵히. 1년이 지나자, 그 얼굴은 놀랍도록 달라져 있었다. 건강해진 얼굴빛, 단단한 눈빛, 그리고 그를 따라 걷기 시작한 사람들. 말 한마디 건네지 않아도 '저 사람은 지금 살아 있다.'라는 게 느껴졌다. 그녀는 그 화면 앞에서 속으로 물었다. '나는 왜 여전히 이렇게 누워만 있을까?' 그 순간, 묵직한 결심이 일었다. 이번엔 생각으로만 다짐하지 않겠다고.

정신과 의사가 권유한 '가벼운 걷기'를 시작으로, 그녀는 그동안 피하던 '움직임'을 선택했다. 러너들이 사용하는 앱을 설치하고, 아무도 모르게 첫 기록을 남겼다. 낡은 운동화를 신고 집 밖으로 나간 첫날, 단 10초도 뛰기 싫었지만 '그래도 나갔다.'라는 사실만으로 자신을 칭찬했다. 그렇게 1분을 걷고, 1분을 뛰었다. 태국의 습한 공기 속에서도 그녀는 포기하지 않았다.

그 후로 달리기는 그녀의 작은 약속이 되었다. 매일 '내일로 미루자.'라는 유혹과 싸우며, 결국 하루의 가장 피곤한 시간에 신발을 신었다. 15분쯤 지나면 심장이 두근거렸고, 그제야 살아 있음을 느꼈다. 숨이 차고 다리가 아파도, 그 순간만큼은 자신의 나약한 감정에 지지 않았다는 안도감이 밀려왔다. "삶의 고민이 해결되진 않지만 그 고민에 나는 지지 않았다."

지속의 힘은 눈빛을 바꿨다. 약 없이도 잠이 들었고, 식물성 멜라토닌으로 하루를 마무리했다. 몸이 가벼워지자, 식단도 바뀌었다. 식탁에는 단백질 쿠키가 오르고, 아이들은 직접 간식을 만들어 먹기 시작했다. 몸이 달라지니 마음이 정돈되었다. 자신을 소모하던 인간관계를 하나씩 정리했고, "나를 지켜야 가정이 산다."라는 진리를 온몸으로 깨달았다. 그녀가 웃자, 남편도 웃었다. 그녀가 달리자 아이들도 변했다.

첫 10km 완주 날, 코끝이 시큰해졌다. 누가 보면 국가대

표라도 된 듯 펑펑 울었다. 하지만 그 눈물엔 10초도 뛰기 싫던 자신을 이겨낸, 지난날의 모든 싸움이 녹아 있었다.

이제 그녀는 말한다. "달리기는 여전히 어렵지만, 멈출 수는 없어요. 나를 잃지 않기 위해 오늘도 저는 나가요."

그녀의 러닝 좌우명은 언제나 같았다. "그냥 나가라. 나가면 걷게 되고, 걷다 보면 뛰게 되고, 뛰고 나면 밀린 일도 하게 된다." 마음이 멈춘 날, 그녀는 아주 작은 용기로 움직였고, 그 움직임이 자신의 페이스를 다시 이어주었다.

2. 먼지처럼 쌓여 호흡으로 흩어지다

러너 프로필

이름: 윤정수(러닝 몰랑)
사는 지역: 경기도 용인시
도전 이력: 조직 개편의 스트레스와 수술 후 체력 저하를 딛고 10km 러너로 성장
러닝 한 줄 메시지: "나에게 주는 선물은, 부단히 달리는 나 자신이다."

회사 조직개편 이후, 그녀의 일상은 고요하지만 무겁게 요동쳤다. 팀장의 책임, 가정에서의 역할, 그리고 자신에게 쏟아지는 기대가 한꺼번에 밀려왔다. 수술과 빈혈로 지친 몸은 따라주지 않았고, 마음은 서서히 마모되어 갔다. 그렇게 먼지처럼 쌓인 피로는 어느새 눈덩이처럼 불어났다.

그 무게를 견디다 못해 어느 날 밤, 그녀는 집 밖으로 나섰다. 좀처럼 잠이 오지 않는 밤이었다. 아파트 단지를 걷다 보니 가로등 불빛 아래에서 몇몇 사람들이 숨을 몰아쉬며 달리고 있었다. 규칙적인 발소리와 음악이 잔잔한 리듬처럼 들렸다. '저 사람들처럼 나도 달려볼까?' 그렇게 시작된 첫 달리기는 숨이 턱 끝까지 차오르고, 다리가 납덩이처럼 무거웠지만, 이상하게도 마음 한편이 가벼워졌다. 오랜만에 자기 몸을 느낀 순간이었다.

'런데이 앱'을 알게 되면서 달리기는 루틴이 되었다. 처음엔 5분도 버거웠지만, 앱 속 보이스 코치의 목소리를 따라가다 보니 어느새 10분, 20분, 30분으로 늘어났다. 작은 완주가 쌓이자, 자신감이 자랐다. 그러던 중 〈부단히런〉을 만나면서 그 꾸준함은 진짜 일상이 되었다. "회사에선 성과가, 가정에선 헌신이 인정받지 못할 때도 많아요. 하지만 달리기만큼은 노력한 만큼 결과가 돌아왔어요. 그게 얼마나 고마운 일인지 몰라요."

달리기하며 체력은 눈에 띄게 달라졌다. 예전엔 장을 봐 오면 그대로 눕곤 했지만, 이제는 새벽에 달리고 와서 요리하고, 청소하고, 저녁엔 아이를 마중 나가는 여유까지 생겼다. 퇴근 후에는 고구마와 달걀, 채소 스틱으로 가볍게 저녁을 먹고 달린 뒤 샤워하고 잠드는 패턴이 몸에 배었다. 그 덕분에 불면증과 역류성 위염도 자연스레 사라졌다.

무엇보다 달리기는 그녀의 마음을 단단하게 다듬었다. 관계와 책임 속에서 늘 '잘해야 한다.'라는 부담으로 살았던 그녀에게 혼자 달리는 시간은 머릿속을 비우고 생각을 정리하는 명상이 되었다. "이제는 너무 애쓰지 말자. 흘러가는 대로 관망하자." 그렇게 마음의 속도를 늦추며 삶의 균형을 되찾았다.

런데이 30분 코스를 완주하던 날의 울컥한 감정, 가족과 함께 5km를 완주하던 날의 기쁨, 도심의 도로를 달리며 들었던 〈부단히런〉 선배들의 응원 소리, 그 순간들이 아직도 생생하다.

Running 런터뷰, 삶의 변화를 기록하다

어느 날은 복잡한 마음을 안고 달리다 발소리와 호흡이 리듬처럼 맞춰지며 마음이 가지런해졌다. 이제 달리기는 그녀의 자존감 그 자체다. 회사 중역도, 엄마도 아닌 '러너'로 존재하는 시간 속에서 그녀는 다시 자신을 만나고, 어제보다 단단해진 나를 선물한다.

그녀는 말한다. "나에게 주는 선물은 지난달보다 조금 더 멋진 나, 부단히 달리는 나, 포기하지 않는 나예요." 먼지처럼 쌓여 눈덩이처럼 불어난 스트레스도 결국 그녀의 호흡 속에서 하나씩 흩어져 갔다.

외로움이 길이 되어 나를 이끌다

러너 프로필

이름: 지기선(시냇가에 심은 나무)
사는 지역: 태국 파타야
도전 이력: 외로움과 무기력 속에서 걷기로 시작해, 걷고 달리기를 삶의 일부로 만든 해외 러너
러닝 한 줄 메시지: "운동화 밑창이 닳아 없어질 때마다, 내 마음의 찌꺼기들도 닳아 없어진다."

태국 파타야의 아침은 이른 시간부터 눈부시게 뜨겁다. 그녀는 그 열기 속에서 조용히 운동화를 꺼내 신는다. 그 순간, 하루의 균형이 시작된다. 언어도, 문화도, 관계도 제한된 교민 사회 안에서 그녀는 마음 붙일 곳이 없었다. 웃는 얼굴로 인사하지만, 속마음을 털어놓을 곳은 없었다. 낯선 나라에서의 삶은 언제나 외로움과 맞닿아 있었다.

"태국은 늘 여름이에요. 무덥고, 조용하고, 시간이 참 느리게 가요. 그 안에서 나 자신이 점점 작아지는 기분이 들었어요." 그날, 그녀는 무작정 운동화를 신었다. 해가 막 떠오르거나 저물 무렵이 아니면 뛸 수조차 없는 더위였지만, 이상하게도 그 시간대에만 마음이 조금씩 식었다. 처음엔 걷기였다. 골프장 단지 주변 3km 코스를 천천히 돌았다. 걷는 동안 생각이 정리되기 시작했다. 답이 없던 문제들이 조금 작게 느껴졌고, 답답한 마음이 바람이 되어 흩어졌다. "그때 알았어요. 내가 답을 찾는 게 아니라, 답이 나에게 찾아오고 있다는 걸요."

달리기를 시작한 뒤 놀라운 건 몸보다 마음이었다. 무릎이 아파 계단을 피하던 그녀는 1년간 꾸준히 걷고 뛰며 통증이 사라졌다는 걸 느꼈다. 이젠 여행을 갈 때도 운동화를 챙겨 새벽마다 걷는다. 어디서든 자신을 회복시키는 루틴이 생겼기 때문이다. "우울하고 힘든 날이면 그냥 나가요. 천천히 걷다가, 몸이 풀리면 조금 달리고, 그러다 보면 마음이 정리돼요." 그녀에게 달리기는 감정의 먼지를 털어내는 시간이다.

그러던 어느 날, 가정에 어려운 일이 생겼다. 해결할 수 없는 상황 앞에서 그녀는 말없이 운동화를 신었다. 뜨거운 석양 아래를 달리며 눈물이 흘렸지만, 이내 미소로 바뀌었다. "그때 알았어요. 이제 힘든 일이 생겨도 이렇게 뛰면 되겠구나. 달리기가 나를 회복시켜 주겠구나." 그녀는 그 순간을 '기적'이라 부른다. 울음이 기쁨으로 바뀌는 경험, 그건 몸이 아니라 마음이 달려낸 결과였다.

혼자였던 달리기에 '함께'의 온기가 더해진 건 〈부단히런〉을 만나면서부터다. 혼자 달릴 땐 쉬는 날이 많았지만, 동료의 인증 사진과 기록이 그녀를 다시 움직이게 했다. "혼자 할 땐 한계가 있었어요. 그런데 〈부단히런〉은 혼자지만 함께하는 느낌이에요. 소속감이 주는 힘, 그게 생각보다 크더라고요."

이제 그녀는 매일 같은 시간, 같은 길을 걷는다. 루틴은 단조롭지만, 그 안엔 매일 다른 의미가 있다. 태양의 온도, 바람의 세기, 마음의 무게가 다르기 때문이다.

그녀의 목표는 대회 완주보다 꾸준함이다. "꾸준히 달리며 체력을 길러서 언젠가 산티아고 순례길을 걷고 싶어요. 한국에 갈 때마다 제주도 둘레길을 완주하는 것도 제 꿈이에요."

그녀에게 달리기는 인생의 통역자다. 말로 다할 수 없는 외로움을 대신해 주고, 복잡한 마음을 정리해 주는 친구 같은 존재다. 운동화 밑창이 닳아 없어질 때마다, 그녀의 마음속 찌꺼기들도 함께 닳아 사라진다. 외로움은 결국 길이 되었고, 다정하게 그녀를 앞으로 이끌어 주었다.

Running
런터뷰, 삶의 변화를 기록하다

꾸준함이 만든 기적 같은 순간들

1. 꾸준함을 시스템에 가두니, 루틴이 삶이 되었다

러너 프로필

이름: 안예진(꿈꾸는 유목민)
지역: 뉴질랜드
도전 이력: 3년간 글쓰기로 성실함을 쌓은 작가이자, <부단히런>을 통해 동사형 인간으로 거듭난 해외 러너
러닝 한 줄 메시지: "나의 한계는 내가 만드는 것."

그녀는 처음부터 달리기를 좋아했던 사람이 아니었다. 책을 쓰고 싶다는 아주나이스 작가를 도우며 '자신만의 커뮤니티를 만들라.'라고 조언했던 그녀는, 정작 <부단히런>이라는 그 커뮤니티 안에 들어와서야 달리기를 시작하게 되었다. 3년 동안 책상 앞에만 앉아 글을 쓰던 그녀에게 운동은 낯선 세계였다. 그러나 글쓰기가 습관이 되었듯, 몸을 움

직이는 일에도 질서를 부여해야겠다는 마음으로 〈부단히런〉 1기에 참여했다. 처음에는 걷기였다. 하지만 함께하는 사람들이 달리기 인증을 올리는 모습을 보며 '나도 한 번 해볼까?'라는 생각이 스쳤다. 그렇게 런데이 8주 코스를 시작했고, 30분을 달린다는 것은 상상조차 어려웠던 그녀에게 전혀 새로운 세계가 열렸다.

처음에는 도장 찍듯 인증하는 재미가 컸다. 그러나 달리기를 이어가면서 깨달았다. 달리기는 작은 성공을 반복하는 일이라는 것을. 블로그에 매일 글을 쓰며 성실함을 증명했던 그녀는, 이번엔 달리기를 통해 또 다른 꾸준함을 실천하고 있었다. 하루하루를 버티는 것이 아니라 쌓아가는 사람이 되어가는 과정이었다.

그 꾸준함의 힘을 실감한 날이 있었다. 달리기를 시작한 지 열 달쯤 되었을 때, 제주 감귤 마라톤 하프 코스를 목표로 가상훈련을 하던 날이었다. 폭풍우가 몰아치는 탑동 해안길, 사람 하나 없는 그 길 위를 그녀는 비를 맞으며 달렸다. 20km를 넘기고 마지막 1km가 남았을 때, 마음속 깊은 곳에서 뜨거운 감정이 치밀어 올랐다. "예진아, 너 앞으로 뭐든지 다 할 수 있어." 그녀는 스스로 외치며 울었다. 비와 눈물이 함께 흘러내렸지만, 그날 그녀는 자신을 완주했다.

지금 그녀는 뉴질랜드에서 달린다. 하늘은 맑고 바람은 부드럽다. 달리기는 여전히 그녀에게 작은 성공을 쌓는 일이고, 동시에 동사형 인간으로 살아가게 하는 힘이다. 읽는 사람, 쓰는 사람, 돕는 사람, 그리고 달리는 사람. 달리기를 통해 그녀는 또 하나의 진실을 깨달았다. 한계는 스스로 만드는 것이며, 꾸준히 나아가는 걸음만이 자신을 자유롭게 한다는 것.

그렇게 그녀의 꾸준함은 시스템이 되었고, 그 시스템은 어느새 그녀의 삶이 되었다.

Running 런터뷰, 삶의 변화를 기록하다

혼자 뛰던 페이스가 함께하는 리듬으로 이어졌다

러너 프로필

이름: 송선미(클로토)
지역: 광주광역시
도전 이력: 1분도 버거웠던 초보에서 하프 완주까지, 직장 러닝 모임 <건달녀>(건강한 삶을 위해 달리는 여자들) 창립 및 운영, 주 2회 10km 달리기 루틴 정착
러닝 한 줄 메시지: "빨리 가려면 혼자 달리고, 멀리 가려면 함께 달려라."

처음엔 막막했다. 글쓰기 모임에서 '제주에서 5km 정기런'이라는 말이 나올 때마다, 그녀는 1분도 채 못 달리는 자신의 숨 가쁜 모습을 떠올렸으나 도망치지 않기로 했다. 블로그 이웃을 통해 〈부단히런〉을 알게 되었고, 등록 버튼을 눌렀다. 그 작은 클릭이 첫걸음이 되었다.

처음엔 동네 근린공원과 학교 운동장을 돌았다. 숨이 가라앉는 법을 배우고, 보폭을 줄이고, 욕심도 줄였다. 5km가 익숙해질 즈음, 수완지구 풍영정천과 광주천, 영산강변으로 활동 반경이 넓어졌다. 여름엔 그늘 좋은 '광주시민의 숲' 왕복 5km 둑길이 생존 코스가 되었고, 겨울엔 햇빛이 잘 드는 천변을 찾아 나섰다. 러닝 벨트와 모자, 쿠션 좋은 러닝화, 하루살이가 많은 날엔 고글까지 단단하게 준비하였고 마음은 가볍게 가져갔다.

달리기를 시작하며 피부는 조금 그을렸지만, 마음은 오히려 환해졌다. "건강해 보인다.", "활기가 넘친다."라는 말을 자주 듣는다. 주 2회 10km 이상 달리겠다는 목표 하나가 삶을 간결하게 만들었다. 내 삶의 주인공이 '나'가 되자, 가족에게도 더 넉넉해졌다.

그녀는 '함께 달리기'의 힘을 직장에서 증명했다. 〈건달녀〉(건강한 삶을 위해 달리는 여자들: 매일 10분 이상 걷거나 달리거나 계단 오르기를 인증하는 모임)를 창립했다.

"저한테 절대 달리라고 하지 마세요"라던 동료 셋이 지금은 10km 러너가 되었다. 매달 셋째 주 일요일 새벽 6시 정기런, 11월 1일엔 일곱 명이 무안 마라톤에 출전했다. 대화는 자연스레 '각자'에서 '함께'로 흘렀고, 팀의 문화도 그렇게 달라졌다

가장 기억에 남는 날은 무등산 지오마라톤 하프 완주. 작년엔 부상으로 포기했기에, 1년을 돌아 준비한 레이스였다. 마지막 1km를 남기고 오른쪽 종아리에 쥐가 올라왔다. 멈추어 스트레칭을 하던 옆 사람과 눈이 마주쳤다. "우리, 걷지만 말고 마지막은 멋지게 달려 들어가요." 두 사람은 다시 뛰었고, 결승선을 통과하며 하이파이브로 서로의 용기를 확인했다. 완주는 기록 이상의 의미가 되었다.

여름 더위는 달리기의 위기였다. 그러나 그늘을 찾고, 달리는 시간을 바꾸고, 속도를 낮추며 위기를 넘어섰다. "구하고 찾는 자에게 결국 길이 열린다."라는 말을, 그녀는 발로 배웠다.

〈부단히런〉에서 배운 건 간단하다. 인증 한 장이 한 사람을 일으켜 세운다는 것. 사전 준비 리스트 하나가 초보의 불안을 지워준다는 것. '빨리 가려면 혼자, 멀리 가려면 함께'라는 문장이 슬로건을 넘어 일상이 되었다.

하프를 마치고는 '풀코스 달리기는 꿈도 못 꾸겠다.'라고 생각했지만 하루가 지나자, 생각이 바뀌었다. '내년에 30km 도전? 어쩌면 풀코스까지?' 목표는 늘 그렇게 업데이트된다. 〈건달녀〉 멤버들과 10km, 그다음은 하프, 언젠가는 풀코스 도전, 광주를 넘어 다른 도시, 다른 풍경, 다른 사람과 달리는 날을 꿈꾸고 있다.

3 12.25km를 달리며, 나에게 선물을 건넸다

> **러너 프로필**
>
> **이름:** 임지연(제니)
> **사는 지역:** 베트남 호찌민시
> **도전 이력:** 24년 차 교민, 기부런과 풀마라톤 도전을 통해 '진심으로 달리는 사람'이 되다.
> **러닝 한 줄 메시지:** "달리는 순간만큼은 온전히 나와 사랑에 빠지자."

그녀에게 달리기는 단순한 운동이 아니라 '자기 자신과의 사랑'이었다. 직장인의 빠듯한 새벽 속에서 잠깐의 여유를 얻기 위해 걷기 운동을 시작했지만, "시간을 단축할 수 있겠다."라는 단순한 이유로 뛰기 시작한 그날, 그녀는 자신의 인생 속도가 바뀔 줄 몰랐다.

걷던 발이 뛰기 시작하고, 호찌민 러닝 클럽에 가입한 뒤 세상은 완전히 새로워졌다. "이 도시는 내가 아는 곳이 아니었어요. 두 발로 뛰며 본 호찌민은 하루하루 달라지는 풍경과 사람들의 숨결이 느껴지는 완전히 다른 세상이었죠."

그녀는 새벽 러너다. 해가 뜨기 전의 공기, 자신의 발소리, 심장 소리만이 함께하는 고요한 시간 속에서 오롯이 자신에게 집중한다. "달리는 순간만큼은 온전히 나에게만 집중할 수 있어요. 그 시간은 나와 사랑에 빠지는 시간이에요."

그러나 모든 러너가 그렇듯, 그녀에게도 좌절이 있었다. 달리기를 시작한 지 몇 달 만에 무릎 부상으로 18km 미션을 완주하지 못했다. 주저앉고 싶던 그날 이후, 그녀는 매일 새벽 무릎 근육을 단련하며 다시 뛰었다. 며칠, 몇 주, 몇 달이 지나자, 통증은 사라지고 근육이 그 자리를 채웠다. 그때 그녀는 깨달았다. '몸은 배신하지 않는다. 꾸준함은 결국 나를 다시 일으킨다.'

그 믿음은 2024년 크리스마스 기부런에서 확신이 섰다. 12.25km 미션을 매일 채우는 도전. 달리는 날엔 새벽 3시에 일어나 뛰었고, 다리가 아플 땐 자전거를 타며 회복했다. 단 하루도 빠지지 않고 인증을 남긴 한 달이었다. 그녀는 〈부단히런〉 대장의 한마디에 즉흥적으로 참여를 결심했던 그날을 잊지 못한다. "그게 나를 다시 믿게 만든 순간이었어요. 트라우마 투성이였던 내가 스스로를 인정하게 되었어요."

달리기는 그녀의 일상도 바꿔놓았다. 저녁 약속이 줄고, 음주 대신 새벽 공기를 마시는 습관이 자리 잡았다. 식습관은 자연스럽게 건강식으로 바뀌었고, 몸뿐 아니라 마음도 단단해졌다. 무엇보다 달리기를 통해 배웠다. "무언가를 잘하지 못하는 건 내가 부족해서가 아니라, 아직 진심이 덜해서인 걸 알게 됐어요. 그래서 이제는 저 자신을 더 믿어요."

이제 그녀는 '호찌민의 새벽을 달리는 여자'로 불린다. 회사에서도 '무엇이든 해낼 사람'이라는 평을 듣는다. 하프를 완주했고, 11월에는 하롱베이 마라톤 풀코스를 완주했다.

내년에는 남편, 아들과 함께 10km 대회에 나갈 예정이다. "아들이 한국으로 떠나면, 남편과 함께 베트남 곳곳을 두 발로 걸으며 우리의 두 번째 인생을 열고 싶어요."

그녀는 오늘도 심장, 팔과 다리에게 새벽을 깨우며 속삭인다. "고마워. 오늘도 나와 함께 달려줘서." 그렇게 그녀는 매일, 달리는 순간마다 자신과 사랑에 빠진다.

Finish
완주의
철학을
발견하다

활기찬 일상으로 회복되면서 조금씩 달라진 나를 발견했다.
숨이 차오를수록 나쁜 생각은 자주 비워졌고
그 자리에 좋은 습관이 채워졌다.
몸은 가벼워지고 마음은 단단해졌다.
달리기는 내 개인의 성장과 회복 두 가지 선물을 동시에 건넸다.

처음엔 내 변화가 특별하다고 생각했다.
하지만 <부단히런> 크루의 인터뷰를 정리하며 깨달았다.
달리기를 통해 변한 건 나만이 아니었다.
누구나 각자의 속도로 자신을 다시 세우고 있었고,
그 과정마다 '완주'의 의미는 다른 빛으로 반짝였다.

어떤 이는 망설임의 허들을 넘었고,
어떤 이는 자신만의 페이스를 찾아냈으며,
어떤 이는 멈췄다가도 다시 시작했다.

완주는 단 한 번의 결승선이 아니었다.
계속해서 나아가는 사람으로 살아가는 일이었다.

이제, 나와 우리 모두의 달리기에서 발견한 이야기로 들어가 보려 한다.
그 길의 끝에는, 또 다른 시작을 준비하는 지속의 힘이 기다리고 있다.

1 망설임보다 한 발 먼저

 7월 장마철, 하루 종일 비가 내리던 날이었다. 서울 약속을 마치고 밤 10시쯤 인천행 전철에 몸을 실었다. 창밖에는 물안개가 번지고, 창문에는 빗물이 미끄러졌다. '이렇게 비가 오는데 오늘은 그냥 쉬어야 하나.' 종일 돌아다닌 피로에 쏟아지는 비까지, 달리기는 도저히 엄두가 나지 않았다. 습한 공기가 무겁게 내 맘을 눌러왔다.

 지하철에 앉아 무심코 켠 인스타그램 피드에 눈이 멈췄다. 가수 션의 계정이었다. 사진 속 그는 장대비 속에서 활

짝 웃으며 달리고 있었다. "우중런. 비 오는 날 달리기는 너무 시원하다."라는 짧은 문장이었지만, 그 한 줄이 마음을 흔들었다. '비 오는 날도 달릴 수 있다고?'

집에 도착하자마자 빗줄기가 더 세게 쏟아졌지만, 마음은 이미 빗속을 달리고 있었다. '그래, 우중런 한 번 해보자.' 현관에 놓인 운동화를 꺼내고, 비를 맞을 자신이 없어 비닐 우비를 걸쳤다. 한 발 내딛는 순간, 발목을 덮는 물이 차갑게 파고들었다. 머리카락이 젖고, 옷이 금세 무거워졌지만, 이상하게 웃음이 났다. '이게 뭐라고 이렇게 좋지?' 달리다 보니 열이 올라 우비를 벗어 던졌다. 비가 얼굴을 때렸지만, 기분은 더 상쾌했다.

달리기를 마치고 현관 앞에 멈춰 섰을 때, 온몸은 젖었지만, 마음은 맑았다. 그날 이후 비 오는 날 달리기는 더 이상 핑계가 되지 않았다. 망설임을 박차고 내딛는 발걸음이 이렇게 시원할 줄은 몰랐다.

달리기를 하고 처음 뛰어본 우중런

 달리기하며 자주 느낀 감정이 바로 그 '망설임'이었다. 망설임이란 사전적으로 '이리저리 생각만 하고 태도를 결정하지 못하는 상태'다. 하지만 그 안을 들여다보면, 결국 두려움이다. 잘하지 못할까 봐, 실패할까 봐, 남보다 뒤처질까 봐. 생각해 보면 두려움은 나쁜 감정이 아니었다. 오히려 간

Finish 완주의 철학을 발견하다

절히 잘하고 싶은 마음의 다른 얼굴이었다. 완벽하게 시작하고 싶은 욕심이 앞서 발이 늦춰진 것일 뿐이다.

〈부단히런〉에서 만난 사람도 그걸 똑같이 경험했다. 70대의 한 회원은 처음엔 고관절 통증으로 천 보를 걷는 것도 버거워했다. "오늘 이렇게 아픈 걸 보니 내일은 더 아플까 봐 망설여져요." 그 말에 이렇게 대답했다. "운동했는데 몸이 어제랑 똑같다면, 그게 더 이상하죠. 아픈 건 변화의 신호예요. 운동을 멈추면 아픈 건 또 돌아오잖아요." 그날 이후 그분은 하루에 백 보씩 걸음을 늘렸다. 삼천 보에서 삼천백 보, 삼천이백 보. 그렇게 조금씩 늘리며 결국 한 시간을 거뜬히 걷는 사람이 되었다. 통증은 사라졌고, 대신 자신감이 남았다.

〈부단히런〉 현균 님은 늘 숫자 기록 속에서 망설였다. "저 사람들처럼 빠르게 달릴 수 없어요. 빠른 페이스로 달리지 못해 겁이 나요." 그럴 때마다 이렇게 조언했다. "아마 제가 처음 달렸을 때가 더 느렸을걸요? 속도를 버리고 시간의 힘을 믿어보세요." 그녀는 10분, 20분, 30분씩 시간을 쌓아갔다. 처음엔 느렸지만, 그 느림이 결국 꾸준함이 되었다. 이젠 그 누구보다 빨리 달린다. 망설임을 행동으로 바꾸자, 삶의 속도도 달라졌다.

돌아보면 인생의 모든 변화는 완벽해서가 아니라 불완전했기 때문에 시작됐다. 나 역시 러닝도, 50살에 혼자 떠난 산티아고 순례길 완주도, 전자책을 처음 써본 일도, 〈부단히런〉이라는 달리기 공동체를 만든 일도 모두 그랬다. 잘하지 못할까 봐 망설였지만, 그보다 한 발 먼저 움직였기에 길이 열렸다. 완벽한 때를 기다리는 사람은 여전히 출발선에 서 있고, 불완전하지만 시작하는 사람만이 끝내 완주한다는 걸 달리기로 배웠다.

살다 보면 누구에게나 도전 앞에서 머뭇거리는 순간이 온다. 그럴 때마다 그날의 빗속 러닝이 떠오른다. 차가운 물이 발목을 덮었지만, 심장은 뜨겁게 뛰던 날. 망설임보다 한 발 먼저 내딛는 용기, 그 한 걸음이 삶의 방향을 바꾼다. 하찮을 정도로 사소하게 시작해 보는 용기, 그 마음을 오늘도 달리기를 통해 배우고 있다.

2 달리기도 삶도, 내 페이스로

〈부단히런〉을 운영하며 깨달은 사실 하나는, 달리기의 시작점이 모두 다르다는 사실이다. 공황과 우울을 이겨내기 위해, 불면증을 극복하기 위해, 살을 빼기 위해, 혹은 지병 관리나 관계 회복을 위해…. 이유는 달라도 모두 같은 출발선에 선다. 나이가 다르듯, 달리기 출발점도 다르기에 달리는 페이스 또한 같을 수 없다.

그럼에도 우리는 평균 안에 속하고 싶어 하거나, 누군가보다 앞서가길 바란다. '조금만 더 빨랐으면….' 하는 마음이

Finish 완주의 철학을 발견하다

습관처럼 올라온다. 하지만 빠른 속도보다 더 중요한 것은 부상 없이 오래 달리는 일이다.

한 회원은 첫 하프 코스를 준비하며 다리 부상을 겪었다. 통증이 심했지만 '그래도 완주는 해야지.'라는 마음 하나로 연습을 멈추지 않았다. 무릎이 아파도 참고 달렸고, 종아리가 땅겨도 괜찮다며 몸을 밀어붙였다. 결국 대회에서는 완주했지만, 그 이후로는 한동안 신발 끈을 묶는 일조차 두려워졌다. 그때 그녀는 깨달았다. 위기가 왔을 때 필요한 건 극기가 아니라 휴식이라는 것을. 쉬는 것도 훈련의 일부라는 사실을 달리기로 배웠다.

또 다른 회원은 자기도 모르게 '10km 1시간 이내에 달리기'라는 목표 안에 자신을 가두고 있었다. 처음엔 1시간 안에 들어오면 충분히 만족스러웠지만, 어느새 1시간 1분, 3분이 나오면 자신을 탓했다. "이번엔 꼭 55분 안에 들어와야지.", "다음엔 50분을 깨야지." 그렇게 자신을 몰아붙이다 보니 달리기가 점점 부담스러워졌다. '오늘도 못 달리면 어쩌지, 기록이 떨어지면 어쩌지.' 불안이 앞섰다. 중년의 몸은 젊을 때처럼 마음먹은 대로 따라주지 않는데, 마음만 앞서다 보니 즐거움은 사라지고 의무감만 남았다. 그제야 깨달았다. 오래 달리려면 이겨내는 게 아니라 즐겨야 한다는 사실을.

욕심은 늘 자신을 압도한다. 달리기뿐 아니라 인생의 모든 영역에서도 그렇다. 사람마다 생김새가 다르고, 몸의 기능도 다르다. 지금까지 먹어온 음식, 살아온 방식, 쌓인 근육과 습관도 모두 다르다. 그런 우리가 똑같은 속도로 달려야 한다는 생각 자체가 어쩌면 불합리하다. 체중이 90kg인 사람이 50kg인 사람과 같은 페이스로 달릴 수는 없다. 10년 동안 근력 운동을 해온 사람과 이제 막 운동을 시작한 초보가 같은 속도를 낼 수도 없다. 중요한 건 비교가 아니라 '내 몸의 언어를 듣는 일'이다.

돌아보면 내가 지금까지 큰 부상 없이 달려올 수 있었던 이유도 바로 여기에 있었다. 러닝 초창기 1년 반을 혼자 달렸을 때는 비교할 대상이 없었다. 경쟁자는 오직 '어제의 나' 뿐이었다. 오늘도 달릴 수 있다는 사실만으로 감사했고, 느린 속도로 달린다는 자각조차 없었다. 그런데 회원의 잦은 부상 소식을 듣고 예전 내 기록을 살펴보니, 놀랍게도 그 느림이 오히려 나를 지켜준 방패였음을 깨달았다.

가끔 회원들이 내 기록을 묻거나 비교하려 들 때가 있다. 그럴 때면 웃으며 대답한다.

"저는 페이스가 아니라 꾸준함으로 달려요." 그 말에는 지금까지 나를 지탱해 온 달리기의 철학이 담겨 있다.

달리기를 처음 시작하는 이들에게 꼭 전하고 싶은 말이 있다. 초보 러너에게 필요한 것은 '빠른 페이스'가 아니라 '쌓여가는 거리'다. 5km가 10km가 되고, 10km가 20km가 되는 동안 몸은 자연스럽게 강해진다. 단거리 기록에 집착하지 않아도, 쌓이는 시간과 거리 속에서 속도는 저절로 붙는다. 꾸준함이야말로 가장 빠른 지름길이다.

달리기의 지혜는 삶에도 그대로 이어진다. 순간의 경쟁에 흔들리지 않고, 나만의 리듬을 지킬 수 있는 사람만이 완주한다. 속도가 다르다고 해서 늦는 것은 아니다. 오히려 자기 페이스를 끝까지 지켜낸 사람이야말로 결승선에서 가장 단단한 미소를 짓는다.

결국 달리기든 인생이든, 꾸준함은 재능을 이긴다. '빠르게'가 아니라 '오래', '남보다'가 아니라 '나답게' 그것이 달리기가 가르쳐준 삶의 페이스다.

 인증의 늪, 꾸준함의 비결

〈부단히런〉이라는 온라인 운동 공동체를 만들면서 가장 고민했던 건 꾸준함이었다. 누구나 작심삼일로 끝내지 않고, 매일 조금이라도 움직이게 만들 수 있는 장치가 필요했다. 그래서 고안한 것이 '인증 시스템'이었다. 매일 운동을 하면 앱 달력에 해당 날짜에 도장이 찍히는 구조였다. 그 한 번의 버튼, 그 한 걸음이 쌓여 한 달을 완성했다.

밤 아홉 시가 되면 단체 대화방에 알람이 울렸다. '오늘도 문고리 잡고 나가기.' 문고리를 잡고 나가 런데이 앱의 '운동

시작' 버튼만 눌러도 괜찮았다. 거리나 시간보다 중요한 건 그날의 참여였다. 전일 도장을 채운 회원에게는 그달의 회비를 환급해 줬고, 초보들에게는 주 3회 출석만 해도 커피 쿠폰이 전송됐다. 꾸준함에 보상을 주는 구조였다.

그런데 재미있는 일이 벌어졌다. 각자 사정이 달라 운동을 못 하는 날도 많은데, 단체방엔 밤마다 운동 인증사진이 올라왔다. 처음엔 회원들이 불평했다.

"이제 운동이 아니라, 운동 인증 때문에 똥 마려운 강아지처럼 나갈 수밖에 없잖아요."

"오늘은 남편 생일이라 쉬고 싶은데, 또 누가 나가면 괜히 불안해요."

"눈도 오고, 바람도 부는데 또 나가요? 진짜요?"

그럼에도 누군가는 사진을 올렸고, 못 나가려던 누군가는 결국 신발을 신었다. 처음엔 억지로, 그다음엔 습관으로. 오 분만 걷자던 마음으로 나섰다가 삼십 분을 채운 날도 많았다.

Finish 완주의 철학을 발견하다

물론 인증의 부작용도 있었다. 어떤 이는 "이게 뭐야, 운동을 자랑하려고 하는 거야?"라며 불편함을 토로했다. 사실 사람은 원래 남의 시선 속에서 동기부여를 받는다. 잘 보이려는 마음이 꾸준함의 첫 불씨가 되기도 한다.

그런데 그 욕심이 지나치면 인증의 늪에 빠진다. 운동을 보여주기 위해서만 하는 순간, 진짜 목적을 잃는다. 어떤 회원은 운동을 안 했는데도 도장을 찍기 위해 앱을 잠시 켜놓고 종료했다. 말하지 않아도 다 보였다. 운영자의 눈엔, 누가 진짜 운동했고 누가 형식만 남겼는지 금세 구분이 됐다. 하지만 지적하지 않았다. 그 또한 과정이기 때문이다. 꾸준함이 자리를 잡기 전까지는 방법이 다소 서툴러도 '나갔다.'라는 사실만으로도 의미가 있다.

한 회원은 퇴근 후 지쳐서 도저히 운동할 힘이 없다고 했다가, 단체방에 올라온 인증사진을 보고 "다들 저렇게 나가는데 나만 누워 있을 수는 없잖아요."라며 결국 몸을 일으켰다. 그렇게 누워 있던 몸을 끈질기게 일으켜 춥든 덥든,

비가 오든 눈이 오든 밖으로 나갔다. 또 어떤 이는 여행 중에도 숙소 앞 골목을 돌며 '오늘의 운동 인증'이라며 사진을 올렸다. 인증의 늪은 그렇게 사람을 다시 길 위로 불러냈다.

'늪'이라는 단어는 흔히 빠져나오기 힘든 상태나 상황을 비유적으로 쓸 때 사용된다. 처음엔 우리도 인생이라는 늪 속에서 허우적거렸다. 하지만 이 늪은 사람을 가라앉히지 않았다. 오히려 위로 밀어 올렸다. 기록보다 중요한 건 '오늘도 나갔다.'라는 사실이었고, 제대로 뛰었는가보다 '도전했다.'라는 마음이 더 값졌다.

어떤 날은 '거짓 운동'으로 도장이 찍힌 날도 있었겠지만, 그마저도 그 사람의 하루였다. 운동을 하지 않은 날의 부끄러움보다, 운동을 마친 날의 자부심이 훨씬 컸기 때문이다. 30일의 달력에 동그란 스탬프가 빼곡히 찍힌 화면을 본 순간, 누구나 자신을 칭찬했다. "이번 달은 해냈어."

결국 인증의 늪은 꾸준함의 비결이었다. 누군가에게 보여

Finish 완주의 철학을 발견하다

주기 위한 기록으로 시작했지만, 끝내 가장 큰 수혜자는 자신이었다. 나를 밖으로 데려간 것은 의지보다 알람이었고, 남의 시선이었고, 하루 한 번의 클릭이었다. 그 작은 반복이 모여 꾸준함이라는 거대한 습관을 만들었다. 그래서 오늘도 밤 아홉 시, 알람이 울리면 생각한다. '오늘도 문고리 잡고 나가기.'

런데이 앱 기록 인증, 보라색은 달린 날, 검정색은 걷고 달린 날

 Stop & Start Again

달리기에도 사계절이 있다. 봄의 달리기는 코끝을 간지럽히는 벚꽃 향기와 함께 시작된다. 꽃잎이 살랑살랑 떨어지는 벚나무 길을 달리다 보면, 마치 달콤한 아이스크림을 입에 문 듯 가볍고 부드럽다. 그러나 여름의 달리기는 다르다. 무더운 열기와 습도로 숨이 턱턱 막히고, '이 더위에 내가 지금 무슨 짓을 하는 걸까?' 싶은 순간이 자주 찾아온다.

한때 여름만 있는 동남아에서 살다 밴쿠버에서 처음 맞은 겨울, 그 차이는 극명했다. 차가운 바람과 살을 에는 추위

Finish 완주의 철학을 발견하다

속에서 첫발을 떼는 일은 거의 고통이었다. 도망치고 싶을 만큼 괴롭지만, 운동화 밑창이 몇 번 바닥을 탁탁 때리면 그 매서운 바람이 어느새 땀을 식혀주는 따뜻한 바람으로 바뀌었다. 장갑 낀 손끝은 시렸지만, 정신은 또렷해졌다. 눈이라도 내려주는 날이면 봄꽃 대신 눈꽃을 맞으며 "잘하고 있지?" 하고 스스로에게 말을 건넸다. 그렇게 사계절은 저마다 다른 달리기의 맛을 알려준다.

맑던 하늘이 순식간에 어두워지고, 거센 빗줄기가 쏟아지는 날. 우중런(雨中 run)은 달리기의 가장 큰 복병이다. 빗줄기는 즉시 망설임이라는 마음속 방해꾼을 불러낸다. 멈출까, 계속 달릴까. 그러나 한 번 빗속으로 들어서면 묘하게 해방감이 찾아온다. 꾹꾹 눌러 담았던 걱정과 피로가 빗줄기를 따라 흘러내리고, 꽉 잠겨 있던 감정의 지퍼가 '직'하고 열리는 느낌이 든다.

Stop & Start Again – 해방감 두 팔 벌린 우중런

　예전의 나는 처마 밑에서 비가 그치길 기다리는 사람이었다. 그러나 이제는 그 빗속을 뚫고 달려 나가는 사람이 되었다. 피하지 않고 정면으로 마주하는 법을 달리기에서 배웠다. 비를 맞으며 달릴 때면 세상에 뚫지 못할 일이 없을 것만 같다. 속옷까지 젖는 빗길을 내달리며 느끼는 그 순간의

해방감, 오직 나만이 아는 묘한 희열이 있다.

사람마다 달리기를 멈추고 싶은 순간이 있다. 여름엔 더워서, 겨울엔 추워서, 봄엔 알레르기로, 가을엔 바람이 거세서. 그건 계절 탓이 아니라 마음의 계절이 바뀌고 있어서이다. 누구에게나 그런 시기가 온다. 인생에서도 마찬가지다. 일에 지치고, 관계에 지쳐, 공부도 육아도 포기하고 싶은 순간들. 하지만 달리면서 깨달았다. 멈춤은 실패가 아니라, 다음 출발을 위한 숨 고르기라는 것.

〈부단히런〉을 운영하며 이런 장면을 수도 없이 봤다. 1년 넘게 매일 운동을 인증하던 멤버가 "이제 혼자 해볼게요."라며 조용히 방을 나간다. 습관이 되었으니 괜찮겠지 싶어 웃으며 보내드린다. 그런데 두 달쯤 지나면 메시지가 온다. "그날 이후로 운동을 못 하고 있어요. 다시 돌아가도 될까요?" 멈춘 지 오래라 다시 시작하기가 쉽지 않았다고 했다. 하지만 단톡방에 복귀해 다시 인증을 올리자, 금세 몸이 기억을 되찾았다. "다시 시작하려니 처음처럼 힘든데 이상하게 행복해요."

나도 3년째 새벽 달리기를 이어오고 있지만, 사실 지금도 아침에 일어나는 일은 쉽지 않다. 알람을 끄고, 문고리를 잡는 손끝이 잠시 머뭇거릴 때가 있다. 그러나 문을 열고 한 걸음만 내디디면 모든 것이 달라진다. 나가기 전의 나와 달리기를 마치고 돌아온 나는 절대 같지 않다. 나가면 늘 더 나은 내가 되어 돌아온다.

그 나가기 힘든 새벽에, 그것도 빗속을 뚫고 달려낸 날은 유난히 각별하다. 짙은 어둠을 이기고, 거센 빗줄기를 뚫었으니 이제 못 할 일이 무엇이 있겠는가. 그날의 나는 자신감으로 충만하다. 우중런을 끝냈다는 건 단순히 한 번의 달리기를 완주했다는 의미가 아니다. 그것은 인생의 리셋 버튼을 누른 것과 같다.

삶이란 결국 멈춤과 다시 시작의 연속이다. 시험을 준비하는 아이도, 육아에 지친 엄마도, 퇴사 앞에서 주저하는 중년도 모두 각자의 코스에서 잠시 숨을 고를 뿐이다. 중요한 건 퇴장하지 않는 것. 다시 시작할 힘은 늘 그 자리에 있다.

Stop & Start Again.
잠시 멈추었지만, 다시 시작하는 용기. 그 반복 속에서 우리는 결국 더 단단해진다.

 고통 끝에
완주라는 열매

 국어사전은 인간의 네 가지 기본 감정을 이렇게 정의한다. 喜(기쁠 희), 怒(성낼 노), 哀(슬플 애), 樂(즐거울 락), 그것을 묶어 우리는 '희로애락'이라 부른다.

 42.195km의 마라톤을 달리다 보면, 이 네 가지 감정이 한 코스 안에서 순서대로 나타난다. 기쁨으로 시작해 분노와 슬픔을 지나 마침내 즐거움으로 끝나는 여정. 마라톤의 감정 레이스가 인생과 닮았다.

Finish 완주의 철학을 발견하다

2024년 1월 14일 생애 첫 마라톤 참가한 기쁨의 얼굴

    풀코스 마라톤의 초반은 언제나 기쁠 희(喜)로 가득하다. 심장이 뛰는 일을 하기 위해 모여든 사람들, 같은 출발선에 선 러너들의 얼굴엔 기쁨의 빛이 번쩍인다. 시작의 총성이 울릴 때의 설렘은 첫사랑보다 짜릿하다. 달리기를 시작한 40대 후반 이후로는 세수보다 더 자주 러닝화를 신었

다. 달리기가 일상의 호흡이 되었으니, 내가 좋아하는 일로 42.195km를 달리기 위해 출발선에 선 것 자체가 이미 큰 기쁨이었다.

하지만 기쁨의 시간은 길지 않다. 첫 풀코스였던 2024년 1월 호찌민 마라톤, 그리고 두 달 뒤 다낭 마라톤에서도 21km까지는 최고 기록을 세우며 신나게 달렸다. 특히 다낭 마라톤에선 30km 지점을 세 시간 만에 통과했을 때 이런 생각이 스쳤다. '오늘 나, 일내는 거 아니야?'

그러나 생각이 채 끝나기도 전에 왼쪽 무릎 뒤 힘줄이 당기기 시작했다. 몸은 무겁게 가라앉고, 통증은 곳곳에서 신호를 보냈다. 구급 안내원에게 통증 완화 스프레이를 뿌려달라 외쳤지만, 돌아온 대답은 "No have." 그 짧은 영어 한마디가 어찌나 야속하게 들리던지. 참가비가 적지 않은데, 스프레이 한 번도 뿌려보지 못한다니 억울했다. 그때부터 성낼 노(怒)와 슬플 애(哀)가 번갈아 찾아왔다.

2024년 3월 24일 다낭 국제 마라톤, 42.195km 고통의 감정

'내가 참가비도 똑같이 냈는데 뭐야. 급수대 물도 떨어지고, 스프레이도 없고, 어쩌라고.' 볼멘소리로 혼잣말하며 화를 내다가, 이제 30km를 넘겼는데 남은 12km를 어떻게 버티나 싶어 슬픈 표정을 지었다. 숨이 차고 다리가 무거운데, 누가 시킨 일도 아닌 걸 알면서도 자신을 다그치며 꾸역꾸역 걸음을 이어갔다.

달리기는 핑계고

마침내 남은 거리 2km 지점. 그렇게 화를 내며 슬픈 달리기를 이어가던 마음에 결승선이 눈에 들어왔다. '여기까지 왔는데 멈출 순 없지.', '이만하면 됐다'와 '아니야, 끝까지 가자.' 사이에서 수백 번 마음이 흔들렸지만, 결국 내 발이 나를 끝까지 데려다주었다. 결승선 칩을 밟는 순간, 그 모든 고통이 녹아내렸다. 나는 다시 즐거울 락(樂), 즐거움의 감정으로 돌아왔다.

고등학교 체력장 100m 23초, 던지기 전교 꼴찌였던 내가 이제는 42.195km를 완주하는 사람이 되었다. 그 자체가 이미 기적이다. 마라톤은 내 안의 한계를 지우는 일이 되었다. 분노와 슬픔, 포기하고 싶은 순간들이 내 안에 새겨진 흉터라면 완주는 그 위에 새로 피어나는 살갗 같은 회복이다.

마라톤의 감정 레이스가 끝났다. 기쁨은 출발의 원동력이 되고, 분노는 나를 일으키는 연료가 되며, 슬픔까지 함께 안아낼 때 비로소 즐거움이 찾아온다. 어떻게 꽃길만 걷겠는가. 가시밭길도, 비포장 흙길도, 돌길도 모두 내 삶의 일부

Finish 완주의 철학을 발견하다

다. 삶에서 만나는 모든 감정을 사랑할 수 있다면, 마라톤의 완주도 인생의 완주도 결국 '행복'이라는 같은 목적지에 닿을 것이다. 고통은 피할 수 없지만, 그 끝에 반드시 회복이라는 '완주'의 열매가 맺힌다.

2024년 3월 24일 다낭 국제 마라톤 풀코스 완주 메달을 받고 기뻐하는 모습

 **거리 늘리기는
함께 Go**

 추석이 막 지나고 제주의 하늘엔 아직 늦여름의 햇살이 남아 있었다. 오후 다섯 시, 우리는 탑동광장에 하나둘 모여들었다. 해가 완전히 지기 전이었지만 바닥에는 길어진 그림자가 드리워졌다. 30km라는 긴 거리를 달려야 했기에 시원한 밤공기를 기다리기엔 늦었고, 낮의 뜨거움을 피하기엔 이른, 그런 미묘한 시간이었다.

 〈부단히런〉 제주팀의 첫 장거리 러닝이었다. 대회도 아니고 상금도 없는, 그저 함께 모여 달리는 날이었지만 공기

Finish 완주의 철학을 발견하다

속엔 묘한 긴장감이 흘렀다. "이게 뭐라고 이렇게 설레요?", "어젯밤에 잠도 제대로 못 잤어요." 누군가는 떨렸고, 누군가는 들떴다. 각자의 목표는 달랐지만, 오늘만큼은 모두가 마음속으로 같은 다짐을 품고 있었다. '오늘, 내 한계를 넘어보자.'

출발 직후 따가운 햇살이 도로 위를 달궜다. 추석이 지났다고는 하지만 제주의 오후 다섯 시는 여전히 여름이었다. 첫 한 시간, 7km 가까운 구간을 후덥지근한 공기 속에서 달려야 했다. 숨이 차오르고 땀방울이 얼굴을 타고 속옷까지 흘러내렸지만, 서로의 발소리가 행군하듯 일정하게 이어졌고, 그 리듬이 우리를 붙잡아 주었다. 혼자였다면 벌써 걷고 말았을 길이지만 함께였기에 멈출 수 없었다.

도두봉을 지나 첫 급수 지점인 편의점 앞에 도착했을 때 하늘은 어둑해지고, 바람은 서늘하게 불기 시작했다. 짧은 휴식을 마친 후 다시 뛰자, 몸이 풀리며 발걸음이 가벼워졌다. 이제부터는 한 번도 달려보지 않은 길이었다.

이 지역에 사는 성진 님의 남편이 페이스메이커 겸 길 안내자로 합류했다. 책임감 강한 그의 뒷모습은 든든했고, 러닝 후 '직진남'이라는 별명을 얻을 만큼 묵묵히 길을 이끌었다. 선두 그룹 뒤에서는 성진 님이 마을 코스를 안내하며 뒤처진 멤버들을 챙겼다. "우리 동네까지 와주니까, 왠지 책임감이 생겨요." 웃으며 말하는 그 부부를 보며, 함께 달리는 일이 단순한 운동이 아니라 마음을 잇는 일임을 새삼 느꼈다.

11km 지점, 연대 포구에 닿았을 때 나는 잠시 눈을 비볐다. 지금 내가 보고 있는 장면이 믿기지 않을 만큼 따뜻했다. 9살짜리 성진 님의 아들은 "우리 아빠가 1등으로 들어온다!"라며 어깨춤을 추고 있었고, 평상 위에는 포카리스웨트와 에너지젤이 정갈히 놓여 있었다. 그 옆에는 추석 연휴를 맞아 내려온 부모님과 여동생 가족이 담요를 덮고 앉아 우리를 기다리고 있었다. 환한 미소와 손짓, 그리고 다급히 건네주는 종이컵 속 물 한 모금은 단순한 급수가 아니라 혈관을 타고 오르다 영혼까지 적셔주는 신기한 급수였다. 달

리기를 통해 사람과 사람이 연결되는 기적, 그 전우애 같은 연대감이 우리 모두를 앞으로 나아가게 했다.

돌아오는 길, 가을바람은 한층 깊어졌고 하늘에는 커다란 보름달이 떠올랐다. 마치 자동차 극장의 대형 스크린처럼 달이 내 앞에, 옆에, 어깨 위에 둥둥 떠 있었다. 그 달빛

을 옆구리에 끼고 달리는 순간은 말로 다 표현할 수 없는 벅찬 감정이었다. 몸속은 뜨거운 열기로 가득했지만, 달빛은 우리가 가는 길을 비춰주고 바다는 바람으로 우리를 식혀주었다. 누군가는 웃었고, 누군가는 울컥했다. 단순히 달리기의 감동이 아니라 삶이 주는 찬란한 축복 같았다.

마지막 구간에서 서로 마주칠 때마다 감격이 터졌다. "내가 여기까지 왔어요!", "조금 더 갈 수 있어요!", "힘들지 않아요!" 그 한마디 한마디가 응원이 되었고, 그 발소리 하나하나가 용기가 되었다. 누군가는 14km, 누군가는 21km, 또 누군가는 30km를 완주했다. 거리는 달랐지만 모두가 자신의 한계를 넘어선 최장 거리의 순간이었다. 탑동광장에 다시 도착했을 때, 얼굴엔 피곤함보다 벅찬 감격이 먼저 피어올랐다.

"여러분, 오늘이 지나면 우리가 몇 분, 몇 초 페이스로 달렸는지는 기억도 나지 않을 거예요. 하지만 해냈다는 짜릿한 기억만은 평생 남을 거예요." 모두가 고개를 끄덕였다.

Finish 완주의 철학을 발견하다

숫자는 잊혀도 그날의 추석 보름달과 내 발자국, 그리고 함께 달렸던 얼굴들은 오래 남을 것이다.

흔히들 러닝은 기록을 남기는 운동이라 생각한다. 하지만 진짜 러닝은 기록이 아니라 기억을 쌓는 일이다. 달빛 아래서 함께 달렸던 얼굴들, 땀에 젖은 웃음, 서로의 등을 밀어주던 순간들. 좋은 기억이란 그런 것이다. 그날을 떠올리면 괜히 미소가 지어지고, 다시 운동화를 꺼내 들게 만드는 힘. 그날의 행복한 기억이 오늘의 나를 다시 길 위로 이끈다.

그날 우리는 '혼자 가면 빨리 가지만, 함께 가면 멀리 간다.'라는 말을 온몸으로 증명했다. 기록보다 기억이 남는 러닝, 기록은 숫자로 남지만, 그날 우리의 아름다운 동행은 마음에 오래 남았다.

 ## 코스 위에서
연결되는 세상

처음 1년 동안은 혼자 달렸다. 베트남 호찌민의 습한 공기를 가르며 집 앞 공원을 다람쥐 쳇바퀴 돌듯 매일 세 바퀴씩 돌았다. 해가 지면 달리고, 새벽이 오면 또 달렸다. 그때의 달리기는 오롯이 혼자만의 싸움이자 하루를 정돈하는 고요한 의식 같았다.

그러던 어느 날 블로그에 댓글이 달렸다. "왜 혼자 달리세요? 호찌민에도 한국인 러닝 크루가 있어요. 수요일, 일요일 정기런에 꼭 나와보세요." '함께 달린다.'라는 개념이 낯

Finish 완주의 철학을 발견하다

설었고, 실명제로 나이까지 공개해야 하는 가입 방식이 괜히 망설여졌다. 그래도 호기심이 발목을 잡았다. 막상 나가 보니 염려는 금세 사라졌다.

호치민 러닝 동호회 수,일 정기런

5km를 함께 달리는 동안 발 구름이 하나의 박자로 맞춰

지며 묘한 리듬이 생겼고, 땀으로 젖은 얼굴들엔 인상 대신 보름달 같은 미소가 번졌다. 그 인연은 1년 반 동안 이어졌다. 호찌민을 떠나기 전까지 매주 두 번 이상 도시 구석구석을 함께 달렸다. 출근길 오토바이 행렬 사이를 비집고, 강변의 붉은 석양을 따라, 타국에서 느끼는 함께의 온기가 하루를 지탱해 주었다.

이사를 앞두고 마음 한편이 허전했다. '제주로 가면 이 좋은 러닝 크루와의 인연이 끊어지겠지….' 그런데 인연은 늘 예상치 못한 곳에서 다시 이어졌다. 여행차 들른 캐나다에서 우연히 만난 한 여행객이 제주 러닝 크루 일원이었다. "제주 오시면 꼭 연락하세요. 거기서도 정기런 있어요." 돌고 돌아, 달리기가 또 새로운 사람과 새로운 땅으로 연결해 주었다.

제주에 도착하자마자 제주 마라톤 클럽에 가입해 매주 함께 달렸다. 언덕길 위에서, 바닷바람 속에서, 숲길에서 다시 얼굴을 마주했다. 달리기가 만들어 준 연결은 국경도, 나이도, 언어도 가볍게 뛰어넘었다.

Finish 완주의 철학을 발견하다

제주 마라톤 클럽 목, 일 정기런

    한국에서도, 세계 곳곳에서도 그 인연은 이어졌다. 안동 여행 중에는 〈부단히런〉 멤버 선희 님이 그곳에 사신다는 사실이 떠올라 연락을 드렸다. 퇴근 후 안동 강변을 함께 달렸다. 제주의 소녕 님이 캐나다에 사는 사촌 동생에게 달리기를 알려주면서 그녀가 〈부단히런〉에 가입했고, 딸이 있는 밴쿠버에 가면 또 그녀와 함께 달릴 수 있게 되었다. 달리기는 넓은 세상도 하나로 잇는 힘을 가졌다.

    2025년 3월 동아 마라톤은 봄이라기보다 겨울에 가까웠다. 차가운 비가 흩날리고 칼바람이 매서웠다. 그때 옆에서 끝까지 함께 달려 준 페이스메이커가 있었다. 평일엔 회사원, 주말엔 풀코스를 달린다는 그는 특별한 소개도 없이 조용히 보폭을 맞춰 주었다. 우리는 처음 만났지만 비를 맞으며 같은 박자로 호흡했고, 고비마다 짧게 눈빛을 나누었다. 결승선을 통과하자 그는 말 한마디 남기지 않고 사라졌다. 고맙다는 인사조차 전하지 못했지만, 언젠가 또 어떤 대회 현장에서, 같은 하늘 아래 다시 만날 것만 같았다. 그날 알았다. 달리기는 몸이 아니라 마음이 나란히 달리는 일이라는 것을.

2025년 서울 동아 마라톤
페이스 메이커와 함께

Finish 완주의 철학을 발견하다

호찌민 러닝 크루와의 이별은 아쉬웠지만 인연은 다시 돌아왔다. 올해 11월, 그때 함께 달리던 15명의 러너들과 방콕 마라톤에서 다시 뛰었다. 달리기로 시작된 인연이 나라를 넘어, 대륙을 넘어 이어지는 광경은 여러 번의 완주보다 더 깊은 울림을 남겼다.

달리기는 이제 '운동'이 아니라 '언어'가 되었다. 말이 달라도, 나이가 달라도, 달리기 하나로 통한다. 30대 청년과 70대 어르신이 한 레이스에서 어깨를 나란히 하고, 지구 반대편 러너와도 "파이팅!" 한마디면 친구가 된다. 이렇게 연결된 사람들의 에너지는 놀랍도록 따뜻하다. 서로의 완주를 응원하고, 함께 기부런을 하고, 달리기로 세상을 조금 더 나은 곳으로 만든다. 달리기하며 얻은 이 무형의 자산들, 마음속에 오래 남는 인연들이다.

결국 달리기는 세상을 잇는 연결의 운동이다. 혼자였던 발걸음이 함께의 리듬이 되고, 한 도시의 코스가 또 다른 도시의 길과 맞닿는다. 한 코스 위에서 발소리가 겹칠 때, 우리는 국경도 기록도 넘어 같은 언어로 대화한다. 그 발소리의 공명이 마음을 건너 마음으로, 그리고 세상으로 이어진다.

Finish 완주의 철학을 발견하다

 ## 완주, 끝이 아니라 지속

　베트남 호찌민 러닝 크루에서 만난 도경 님은 나보다 스무 살이나 어리지만, 달리는 동안 우리는 친구였다. 매주 수요일 정기 러닝에서 그녀는 운영진으로 활동하며 누구보다 성실하게 코스를 이끈다. 덥고 습한 날씨에도 먼저 나와 준비하니, 나도 모르게 마지막 주자를 챙기는 일을 돕곤 했다. 사실 그곳에서는 내가 가장 나이가 많은 러너다. 대부분 30~40대의 젊은 친구들이지만, 달리기가 시작되는 순간 나이의 경계는 사라진다. 땀으로 뒤범벅이 된 얼굴로 서로 "와, 오늘도 뛰었다!"라며 러닝 이야기를 나눌 때 세대의 차

이는 느껴지지 않는다.

반대로 제주에 이주해 마라톤 클럽에 들어오자, 스무 살 위의 선배 러너들과 또 다른 친구가 되었다. 지역을 넘나들며 달리기하다 보니, 나이와 상관없이 운동화 끈을 묶고 함께 달리는 순간 우리는 길 위에서 친구가 된다는 사실을 알게 되었다.

베트남 호찌민에서 다시 만난 KRNB 러닝 크루와 함께

여름이면 30도가 넘는 불볕더위 속에서도 24년째 달리는 선배 러너들은 정기 코스보다 3도 낮은 숲길에서 장거리 훈련을 이어간다. 이유를 물으니 이렇게 말했다.

"우린 젊은 사람들보다 들어오는 시간이 오래 걸리잖아요. 너무 늦으면 급수 당번들이 더워서 고생해요. 그래서 여름에는 그늘진 숲길을 찾아요."

더우니, 나이가 드니, 그만두겠다는 생각이 아니라 '어떻게 하면 계속할 수 있을까?'를 고민하는 태도. 그것이 그들이 달리기를 이어가는 방법이었다.

올해 예순 번째 생일을 맞아 60번째 풀코스를 완주하며 스스로에게 생일 선물을 줬다는 행숙 님은 이렇게 말했다.

"마침내 그날 강, 산, 바람을 오감으로 느끼며 달리면서 자연의 아름다움을 만끽했어요. 예전엔 기록만 보느라 몰랐던 아름다움이었죠." 지금은 매일 아침 바닷가를 따라 모래사장을 5km씩 달린다고 한다. 달리기 방식은 달라졌지만, 여전히 달리기를 지속한다.

호찌민 러닝 클럽의 지혜 님은 달리기를 시작한 첫날, 정기 러닝 코스 5km 중 2km만 겨우 달리고 나머지는 택시를 타고 반환점으로 돌아왔다. 그럼에도 이후 남이 10km를 달릴 때도 그녀는 자신만의 페이스로 7km를 완성했다. 그렇게 1년 동안 꾸준히 자기 속도로 달리자, 지금은 20km, 30km를 일상처럼 달린다. 지난여름에는 호주 마라톤 풀코스를 완주하기도 했다. 그녀는 말했다. "저는 그냥 제 페이스로 꾸준히 달려요."

반면 성훈 님은 속도를 올리며 달리다가 부상으로 한동안 뛰지 못한 경험이 있었다. 그 이후 그는 기록보다 지속을 선택했다. "지금은 얼마나 빨리 달리느냐보다, 다시 달릴 수 있다는 게 감사해요." 그의 말처럼 기록보다 중요한 건 '아직 달릴 수 있음' 그 자체였다.

내 눈앞에서 여전히 달리고 있는 30대, 60대, 70대 러너들과 인생의 후반전에도 멈추지 않고 함께 달릴 수 있는 러닝 친구가 있다는 것이 얼마나 감사한 일인지 모른다.

Finish 완주의 철학을 발견하다

'어떤 일을 끝까지 달리거나 마치다.'라는 뜻의 완주는 단순히 결승선을 통과하는 행위로 설명하기에는 부족하다. 그 속에는 '끝까지 가보겠다는 의지'와 '멈추지 않겠다는 태도'가 담겨 있다.

어떤 날은 몸이 무겁고, 어떤 날은 기분이 좋지 않아, 혹은 부상으로 인해 중간에 멈춰야 할 때도 있다. 그럼에도 다시 신발 끈을 묶고 출발선에 서는 그 마음이 바로 완주의 태도다.

결국 완주의 다른 말은 '오늘로 끝내겠다.'가 아니라, '내일도 다시 이어가겠다.'라는 지속의 약속이다. 그래서 나는 인생의 후반전에도 멈추지 않는 러너로, 여전히 길 위에 있고 싶다.

Steady
달리며 세계를 여행하다

언제나 달린다.
어디서나 달린다.
멀리 본다.
끝까지 간다.

이 네 문장은 나의 달리기 좌우명이다. 끝이라 여겼던 그곳이 다시 출발선이 되었고, 결승선을 지나자 오히려 새로운 길이 열렸다. 기록 경쟁을 위한 달리기가 아니라, 삶을 지속하기 위한 달리기, 나를 단단하게 세우는 지속 가능한 러닝으로 바뀌었다.

Start. 그저 1분만 달려보겠다고 숨을 고르던 초보 러너에서, 인생의 방향을 다시 찾는 '재시작의 여정'으로 나아갔다.

Running. <부단히런>이라는 이름 아래 모인 평범한 사람들이 달리기를 통해 특별해진 자신을 만나며, 저마다의 삶을 다시 써 내려갔다.

Finish. 나와 우리의 달리기를 통해 '끝이 아니라 지속'이라는 완주의 철학을 발견했다.

Steady. 이제부터의 이야기는 '달리며 세계를 여행한 기록'이다. 길은 점점 세상으로, 세상은 다시 나에게로 확장된다. 언제 어디서나 달리니, 여행 중에도 하루를 달리기로 시작한다. 새로운 장소에서 달리지만, 결국 마주하는 건 '내 안의 나'였다.

베트남의 숨 막히는 공기 속에서도, 스페인의 포도밭 사이에서도, 캐나다의 청명한 호숫가에서도 달리기는 여전히 나를 살아 있게 만든다. 새로운 장소에서 마주하는 색다른 풍경과 낯선 이들의 에너지는 내 삶의 자극이 된다.

만약 당신의 첫 달리기가 여기까지 이끌었다면, 꼭 한 번 '달리기로 세계를 여행하는 꿈'을 마음에 품어보길 바란다. 달리기는 세상과 나를 연결하는 끝나지 않은 여정이었다.

완주의 끝에서, 지속의 시작으로

1. 빈홈 센트럴 파크, 나의 0km
- 베트남 호찌민

딸은 원하는 나라의 대학에 합격해 떠났고, 남편은 타국의 현장으로 발령받아 다시 떨어져 지내야 했다. 8년 동안 살아온 태국의 생활을 정리하고 혼자 한국으로 돌아왔다. 그 무렵, 동생이 벽지 회사를 운영하며 제안했다. "누나, 서울에 돌아오면 혼자 살 텐데, 잠깐 와서 경리 일 좀 맡아줄래?"

한 번도 해보지 않은 일에 대한 설렘으로 회사에 다녔지만, 적성에 맞지 않는 일은 몸보다 마음을 더 병들게 한다는 것을 1년 반이 지나서야 알았다. 매일 아침 출근이 무서워

잠을 설쳤고, 일터에서는 시곗바늘만 바라보다가 모두가 퇴근한 사무실에 홀로 남아 숨을 내쉬었다. 2022년, 1년간 걷기로 13kg이나 빠졌지만, 스트레스와 마음의 허기는 다시 달콤한 음식과 빵으로 향했다. 몇 달 사이 7kg이 늘었고 마음은 방향을 잃은 채 공허했다.

'이제 나는 무엇을 하며 살아야 할까.' 그 질문만이 매일 귓가를 맴돌았다. 어느 날, 나도 모르게 남편에게 전화를 걸었다.

"나, 아무것도 하기 싫어. 그냥 살면 안 될까?" 수화기 너머로 남편은 잠시 말을 잃었다.

"너, 동생 일 도와준다고 한국 간 거 아니었어?"

"응. 그런데 이제 그만하고 싶어. 나 호찌민 가면 안 돼?" 잠시 침묵이 흐른 뒤 그가 말했다.

"난 오지 말라 한 적 없어. 이제 들어와. 같이 살아보자." 그때 알았다. 내가 도망치려는 게 아니라, 다시 살아보려는 몸부림이었다는 것을.

그렇게 나는 베트남 호찌민으로 향했다. 그곳이 내 두 번째 인생의 시작이자, 달리기의 첫 트랙이 된 곳이다. 집에서 걸어가면 5분 거리에 있는 빈홈 센트럴파크(Vinhomes Central Park). 사이공 강을 따라 조성된 녹지 공원으로 한 바퀴 약 2.5km의 트랙이 강변을 따라 부드럽게 이어진다. 이곳에서 나는 아무도 만나지 않고 1년을 보냈다. 매일 혼자 걷고, 뛰며 생각했다. 처음엔 한 바퀴도 벅찼지만 며칠이 지나자, 몸이 반응하기 시작했고 매일 한 바퀴씩 늘어나던 러닝은 어느새 습관이 되었다. 결국 10km, 하프, 풀코스를 완주하기까지 모든 바퀴의 기록이 이 공원에 남았다.

웃을 수도 울 수도 없는 이야기가 하나 있다. 어느 날 런데이 앱을 통해 가상 하프 마라톤 연습이 주어졌다. 하지만 나는 이 공원을 벗어나지 못했다. 21km를 채우기 위해 같은 길을 열 바퀴, 세 시간 동안 뱅글뱅글 돌았다. 그때 나를 계속 지켜보던 공원 청소부 아저씨의 눈빛이 아직도 생생하다. 위아래 초록색 작업복에 머리엔 넓은 원뿔형 논라(Non La) 모자를 쓰고, 커다란 대나무 긴 빗자루를 든 채 나를 말리던 장면이 떠오른다. '이 여자 무슨 사연으로 이렇게 뛰나.' 싶었는지 연신 손을 휘저으며 그만 뛰라고 했다.

빈홈 센트럴 파크 – 21km를 다 돌고 잔디밭에 뻗은 모습

왜 멈추지 못했을까. 그날 나는 멈추지 않았다. 비장한 마음으로 달리기를 마친 후 전화기를 들자, 남편의 목소리가 들렸다. "이 더운 나라에서 미쳤냐? 이 태양 빛에 거길 세

시간이나 돌았다고?" 나는 울면서 웃었다. "응, 나 미쳤나 봐. 그런데 기분이 너무 좋아."

그날 이후, 빈홈 센트럴파크는 지도 속 한 점이 아니라 내 인생의 0km가 되었다. 그곳에서 다시 태어났고, 걷던 아이에서 달리는 어른으로 성장했다. 나의 심장은 아마도 이 공원에서 다시 뛰기 시작했을 것이다. 베트남 호찌민을 여행한다면, 관광지에서 택시로 약 10분 거리에 있는 이 공원을 찾아보길 바란다. 이른 새벽이면 요가, 테니스, 걷기, 댄스, 러닝으로 공원 전체가 생동감 있게 깨어난다. 한 바퀴 2.5km, 그 길 위에서는 누구라도 저절로 미소 짓게 될 것이다.

빈홈 센트럴 파크 공원 모습

Running Note

Vinhomes Central Park, Ho Chi Minh City

위치: 호찌민 빈탄군 사이공 강변, Landmark 81 인근

코스 길이: 1바퀴 약 2.5km 순환형 트랙

환경: 강변 바람이 부는 43ha, 녹지 공원, 오토바이 진입 금지

추천 시간: 새벽 5~7시(러너 많음, 공기 선선), 해 질 녘 17~19시 (조명 분위기 좋음)

분위기: 요가 팀, 댄스 동호회, 러닝 크루 등으로 활기 넘침

팁: 습도 높아 가벼운 복장 권장, 일부 데크 구간 미끄럼 주의

사진 포인트: 강변 데크에서 Landmark 81 스카이라인 배경 촬영 추천

한 줄 메모: "도심 속 유일한 평화의 트랙, 다시 살아나는 나를 만나는 곳."

 ## 부부가 함께 달린 문화유산의 길
   - 베트남 하롱베이

   하롱베이의 새벽은 숨이 멎을 만큼 아름다웠다. 붉은 태양이 바다 위로 떠오르며 안개를 밀어내던 그 순간, 남편과 나란히 출발선에 섰다. 달리기를 시작한 지 1년, 두 번째 하프 마라톤이었다.

   남편은 러닝 선배였다. 15년 전 한국에서 풀코스 마라톤을 두 번이나 완주했지만, 그 후 좋지 않은 기억으로 달리기를 완전히 놓았다. 그런 그가 아내가 1분 달리기를 시작하더니 10km, 하프 대회까지 도전하는 모습을 보며 놀란 눈

문화유산 하롱베이의 새벽 장관

치였다. "이 여자가 정말 달리기 좋아하네?" 그렇게 말하며 웃던 남편은 결국 내 매니저 겸 응원 단장으로 하롱베이까지 함께 왔다.

그날의 하롱베이는 달리기에 완벽한 조건이었다. 남쪽의 호찌민보다 훨씬 선선했고, 17도의 공기가 피부를 스치며 몸을 가볍게 했다. 세계문화유산의 바다 절벽 사이로 수천 개의 바위섬이 붉은 아침 빛을 머금고 있었다. 그 장관 속을 달리며 오감이 열렸다. 이곳이야말로 '달리기의 여행지' 런트립의 진짜 성지였다.

그로부터 1년 뒤, 남편은 다시 풀코스 완주를 결심했다. 새벽 네 시, 출근 전 어둠 속에서 혼자 뛰었고, 야근을 마친 밤에도 헤드램프를 켜고 달렸다. 주말이면 시간을 쪼개 장거리 훈련에 나섰다. "이번엔 나도 끝까지 가보자." 그의 땀 냄새 속에는 결심이 배어 있었다.

그리고 다시 찾아온 하롱베이의 아침. 나에게는 세 번째 풀코스, 그에게는 15년 만의 복귀전이었다. 남편이 포기하지 않길 바라는 마음이 간절했다. 터널을 빠져나와 회전하는 지점에서 저 멀리 남편의 모습이 보였다. 그 순간 베트남 사람들 틈에서 목이 터지라고 외쳤다. "파이팅! 당신 할 수 있어!" 사람들은 함께 손뼉을 치고 환호했다. 그 함성과 응원 덕분에 남편은 28km 이후의 고비를 넘겼다고 했다.

2024년 11월 17일 하롱베이 마라톤 풀코스 부부 동반 완주

    나는 대회 전날 몸이 좋지 않아 링거를 맞았고, 감기약에 의지한 채 대회에 나섰다. 그럼에도 포기하지 않은 이유는 남편과 함께하는 풀코스였기 때문이다. 결승선에서 그의 모습을 기다리며 마음속으로 수없이 외쳤다. '당신, 제발 끝까지 와 줘.'

드디어 남편이 들어왔다. 서로 눈이 마주친 순간, 아무 말도 없이 울었다. 결혼 22년 만에 함께 완주한 마라톤이었다. 그날 이후 달리기는 우리 부부의 새로운 취미가 되었다.

누군가 하롱베이를 찾는다면 꼭 이 말을 전하고 싶다. 이곳은 세계문화유산이자, 함께 달리는 사람을 다시 일으키는 기적의 코스라고. 우리에게 하롱베이는 단순한 대회가 아니었다. 시간 속에서도 사라지지 않을 부부의 문화유산으로 남았다.

하롱베이 마라톤 대회 모습이 담긴 사진

Running Note

Halong Bay Heritage Marathon, Vietnam

위치: 베트남 꽝닌성 하롱베이 일대(하롱시 중심 해안도로)

대회 코스: 10km, 하프(21.097km), 풀코스(42.195km) 선택 가능

특징: 유네스코 세계문화유산 하롱베이의 해안과 다리, 터널, 절벽 풍경을 모두 달리는 코스로 고저 차가 완만해 초보 러너도 도전 가능

추천 시기: 매년 11월 중순(기온 약 16~20도, 습도 낮고 바람 선선)

분위기: 세계 각국의 러너들이 참여, 현지 응원단과 거리 퍼포먼스 활발

팁: 숙소는 대회 본부 인근의 Vinpearl 또는 Bai Chay 지역이 편리. 새벽 출발이므로 전날 저녁 식사와 수분 조절이 중요.

Steady 달리며 세계를 여행하다

사진 포인트: 일출 직전 하롱베이 브리지 구간, 바다 위로 떠오르는 붉은 태양과 바위섬이 장관을 이룸.

한 줄 메모: "세계유산의 바다 위에서, 서로를 다시 일으켜 세운 결승선."

마프라찬 호수, 걷던 길에서 달리는 나로 – 태국 파타야

 2020년의 마프라찬 호수는 '도전의 길'이었다면, 몇 해 뒤 다시 찾은 마프라찬은 '성장의 증거'였다. 태국 파타야에서 8년을 살다가 여행자로 돌아온 어느 날, 장애 아동 발달 센터 강의를 위해 초청을 받았다. 3일간 이어지는 강사의 숙소를 어디로 잡을지 묻는 말에 망설임 없이 대답했다. "마프라찬 호수 앞이요. 그곳에서 달리고 싶어요."

 강의가 시작되기 전 아침, 러닝화를 신고 호수 앞으로 향했다. 끝없이 이어지는 둥근 트랙, 물결 위로 반짝이는 햇살, 그리고 예전의 숨결이 고스란히 남아 있었다. 과거엔 걷던 사람이었지만 이젠 뛰는 사람으로 돌아와 마주한 그 길이 낯설 만큼 반가웠다. 10km를 가뿐히 달려내며 깨달았다. 세상은 그대로인데, 달라진 건 '나'였다.

몇 해 전, 처음 이 호수를 걸을 때는 어깨가 늘어지고 시선은 바닥에 머물러 있었다. 더위와 피로, 무기력함이 발끝마다 엉켜 있었다. 하지만 이번엔 달랐다. 고개를 들고 시선을 멀리 두자, 그때의 나와 지금의 내가 한길 위에서 겹쳤다. 같은 거리, 같은 풍경이었지만 보이는 세상은 완전히 달라졌다.

마프라찬 호수의 트랙은 한 바퀴 약 10km, 되돌아갈 수 없는 순환 코스로 한 번 들어서면 끝까지 돌아야 완주할 수 있다. 중간에 빠져나올 길도 카페나 편의점 같은 휴식처도 거의 없다. 그래서 초보보다는 자기 페이스로 달릴 줄 아는 주자에게 어울리는 코스다. 완주 후 호수를 붉게 물들이는 석양을 보며 시원하고 적당히 단 코코넛 주스를 마시면, 모든 수고를 단숨에 보상해 준다.

그날 저녁, 강의를 끝내고, 숙소로 돌아와 호텔 창문을 열고 다시 호수를 바라봤다. 오늘 아침에 내뱉었던 호흡의 기억이 여전히 내 세포들을 들뜨게 했다. 처음 이 길을 걸을 때는 도전이었지만, 이제는 지속이었다. 과거의 발자국 위로 새로운 걸음이 포개지는 순간, 과거는 멈춤이 아니라, 미래로 데려다주는 이어짐의 과정이 되었다.

Steady 달리며 세계를 여행하다

마프라찬 호수 – 호텔에서 바라본 마프라찬 호수 모습

Running Note

Mabprachan Reservoir, Pattaya, Thailand

위치: 태국 촌부리주 파타야시 외곽, 마프라찬 호수 일대

코스 길이: 1바퀴 약 10km 순환형 트랙

환경: 호수 주변 도로를 따라 이어지는 평탄한 길, 자동차 진입 거의 없음

추천 시간: 오전 5~8시(해 뜨기 전 선선함), 오후 17시 이후(노을이 아름다움)

분위기: 현지 러너와 사이클러가 많고, 조용한 호수 풍경이 마음을 차분하게 만든다.

특징: 되돌아갈 수 없는 순환 코스, 중간 휴식 지점이 거의 없어 페이스 조절 필수

Steady 달리며 세계를 여행하다

팁: 수분 보충용 물은 미리 준비, 햇살이 강하므로 선캡과 선글라스 착용 권장

사진 포인트: 서쪽 호안 길의 일몰 구간(붉은 석양과 야자수 실루엣이 압권)

한 줄 메모: "돌아설 수 없는 10km의 호숫가 돌기, 그 무한 반복이 걷던 페이스에서 달리는 페이스로의 성장."

 ## 선물 같은 러닝 코스, 스탠리파크
- 캐나다 밴쿠버

밴쿠버의 스탠리파크(Stanley Park)는 내가 지금껏 달려본 길 중 가장 완벽한 코스다. 약 10km 한 바퀴를 도는 동안 바다와 숲과 도시가 한눈에 들어온다. 한쪽은 태평양의 짠 내가 코끝을 스치고, 다른 한쪽은 침엽수 향이 가득하다. 이 모든 것이 하나의 길 위에서 동시에 펼쳐진다. 그야말로 자연이 마음먹고 설계한 러닝 트랙이다.

스탠리파크는 밴쿠버의 상징이자, 이 도시 러너들의 성지이기도 하다. 매년 5월 초 밴쿠버에서 열리는 BMO 마라톤 대회가 스탠리 파크의 Seawall 구간을 통과한다. 크리스마스 시즌에는 Big Elf Run, 어린이날에는 패밀리런 등 수많은 러닝 이벤트가 이곳에서 시작되고 끝난다. 그래서 어느 날, 누구와 뛰든, 늘 새로운 이야기가 만들어진다.

캐나다 밴쿠버 스탠리 파크

2025년 5월 캐나다 밴쿠버 BMO 마라톤 대회, 딸과 함께

    나는 5월과 12월, 두 계절의 스탠리파크를 모두 경험했다. 5월의 숲은 푸르고 청명했다. 하늘은 투명하고 공기는 달콤했다. 달리는 내내 햇살이 반짝이고, 사이사이로 꽃잎 향과 새소리가 어우러졌다. 그런데 12월의 스탠리파크는 전혀 다른 얼굴이었다. 비가 자주 내리고 공기는 차갑지만,

Steady 달리며 세계를 여행하다

그 속을 아무렇지 않게 달리는 현지 러너들의 모습이 이 도시의 진짜 매력을 보여준다. 겨우내 비가 자주 내려 '레인쿠버'라고 불리는 이 도시 사람들은 날씨 탓을 하지 않는다는 것을 배운다.

러닝을 마친 후에는 '퍼블릭 마켓'에서 뜨끈한 클램차우더 한 그릇, 혹은 스탠리파크 주변 'go fish'에서의 생선튀김과 샌드위치 한 입. 그 순간만큼은 세상 어떤 보상보다 달콤하다. 달리기가 주는 성취감과 캐나다 특유의 여유가 완벽히 섞이는 시간이다.

'퍼블릭 마켓' 클램 차우더와 'go fish'의 피시 앤 칩스

스탠리파크의 또 하나의 장점은 접근성이다. 도심에서 버스나 전철로 몇 분이면 닿고, 코스 중간중간 탈출로가 많아 초보자든 숙련자든 부담 없이 즐길 수 있다. 걷기, 자전거, 달리기 등 모두에게 열린 길이다.

언젠가 나는 스탠리파크가 내려다보이는 통창 아파트에서 살고 싶다는 생각을 했다. 그만큼 이곳은 내게 이상적인 러닝의 풍경이다. 계절이 바뀌어도, 날씨가 변해도, 언제나 달릴 수 있는 완벽한 길. 만약 캐나다 밴쿠버를 여행한다면, 관광지보다 먼저 이곳을 달려보길 바란다. 달리기의 기쁨이 가장 완벽하게 피어나는 선물 같은 러닝 코스, 스탠리파크다.

Running Note

Stanley Park, Vancouver, Canada

위치: 캐나다 브리티시컬럼비아주 밴쿠버 다운타운 북서쪽 해안

코스: 스탠리파크 시월(Coal Harbour) 입구부터 서쪽 해안 일주 약 10km

특징: 바다, 숲, 도시 전경이 한눈에 보이며, 평탄한 노면에 사계절 가능

추천 시간: 오전 7~9시(햇살과 함께), 저녁노을 시간대

팁: 해안가 바람이 강하므로 바람막이 착용, 비 예보 시 방수템 추천

한 줄 메모: "바다와 숲이 동시에 숨 쉬는 코스, 달리기 그 자체가 선물이다."

 ## 러닝의 성지, 벤자끼띠와 룸피니
– 태국 방콕

　방콕은 혼잡한 도시다. 끝없이 이어지는 오토바이 소리, 매연, 교차로의 혼돈. 하지만 그 한가운데, 오직 러너들만의 오아시스가 있다. 벤자끼띠(Benjakiti) 공원과 룸피니(Lumphini) 공원, 이 두 공원을 잇는 러닝 코스야말로 방콕을 대표하는 진짜 러닝 성지다.

　달리기를 하기 전에는 방콕에 오면 늦잠을 자고 눈을 비비며 조식을 먹는 것으로 하루를 시작했다. 하지만 달리는 사람이 되고 난 뒤, 여행의 첫 장면은 언제나 '새벽 러닝'이다. 달리기로 몸도 마음도 깨어나면 따뜻한 커피 한잔으로 하루를 연다. 달리기가 나의 여행의 방식도 바꾸어 놓았다.

유럽의 도심 러닝 코스와 같은 벤짜끼띠 공원 사진

매년 9월 26일, 나는 9.26km를 달리며 '달리기로 다시 태어난 날'을 기념한다. 생일은 7월이지만 나를 다시 살게 한 날은 달리기를 처음 시작했던 바로 그날이라고 믿는다. 1분 달리기가 10분이 되고, 30분이 되면서 무력했던 일상이 다시 살아났다. 그래서 9월 26일은 내 인생의 두 번째 생일이다.

달리기 생일 3주년 기념런

올해 방콕 일정이 우연히 그날과 겹쳤다. 기념하기 위해 떠난 날은 아니지만 여행지에서 특별한 날을 맞는 건 흔치

Steady 달리며 세계를 여행하다

않은 행운이었다. 좋아하는 사람들에게 새로운 도시의 달리기 장소를 소개하고 함께 뛰는 기념런은 오래 기억될 특별한 장면이다.

벤자끼띠 공원의 호수 둘레길은 2km 남짓하지만, 그린 브리지를 통해 룸피니 공원까지 연결하면 약 10km 도심 러닝이 완성된다. 호수 위로 반사되는 아침 햇살, 정돈된 트랙과 시원한 그늘, 곳곳에 설치된 수돗가와 휴게소 덕분에 초보자도 숙련자도 부담 없이 달릴 수 있다.

벤자끼띠와 룸피니 코스는 단순한 도심 속 트랙이 아니다. 방콕의 또 다른 얼굴, 녹음이 짙은 오래된 나무 사이를 달릴 수 있는 색다른 풍경이 반겨준다. 코스를 달리다 보면 도마뱀을 만날 때가 많은데, 러너들 사이에서 '도마뱀 인증샷'이 작은 유행처럼 자리 잡았다. 도시의 움직임은 숨 가쁘지만 공원의 분위기는 느긋하고 평화롭다.

최근 새로 단장된 룸피니 공원은 달리기 전용 도로와 깔

끔한 화장실, 작은 식당과 매점까지 완비되어 있다. 달리기를 마친 뒤에는 시원한 코코넛 한 통으로 열기를 식히고 로컬 식당에서 쌀국수와 양념 돼지갈비 꼬치, 찹쌀밥을 먹고 나면 방콕식 러닝 코스가 완성된다. 러닝을 마치고 그랩 택시를 타고 쇼핑몰로 이동해 러닝화를 구경하거나 러너스 숍을 들르는 것도 여행의 또 다른 묘미다.

 방콕을 여행하는 러너라면 꼭 이 코스를 기억하길 바란다. 벤자끼띠에서 시작해 룸피니까지 이어지는 길. 도시의 열기 속에서도 러너에게만 열려 있는 평화로운 길. 드디어 여행자 러너로 거듭났음을 알리는 신호탄 같은 순간이 되어준다.

Running Note

Benjakitti & Lumpini Park, Bangkok

위치: 태국 방콕 중심부 수쿰윗 지역(벤자끼띠와 룸피니 공원 연결 루트)

코스 길이: 벤자키띠 약 2.8km와 룸피니 약 2.5km, 연결 구간 포함 약 9~10km

환경: 도심 속 녹지 러닝 코스, 자전거와 보행 구간 분리, 호수와 그늘 길, 고가보행로 연결

추천 시간: 오전 5~8시(해 뜨기 전 시원함), 오후 17시 이후(노을과 야경이 아름다움)

분위기: 현지 러너와 외국인 여행자 혼합, 러닝 크루와 단체 러너 활동 활발

특징: 도심 속이지만 공기 질 양호, 수돗가, 화장실, 휴식 공간 완비, 룸피니공원 푸드존 있음

팁: 새벽엔 입구마다 보안이 강화되므로 벤자끼띠에서 출발하는 편이 좋음, 모기 스프레이, 선캡 준비

사진 포인트: 벤자끼띠 호수 위 보행데크와 룸피니 호수 다리 위 노을 장면

한 줄 메모: "혼잡한 도시의 심장 속, 러너에게만 열려 있는 평화의 길."

 ## 나이아가라 폭포의 굉음 속으로
- 캐나다 토론토

 혹시 같은 해, 같은 달, 같은 날에 태어난 사람을 친구로 둔 적이 있는가. 나는 마흔을 넘기고 그런 인연을 만났다. 딸아이 학교 휴게공간에서 프로그램 참가 신청서를 작성하고 있을 때였다. 생년월일을 적는 칸을 바라보던 옆자리 학부모가 다급히 말했다. "잠깐만요, 제 생일을 왜 쓰세요?" 우연한 오해로 시작된 대화는 놀라운 사실로 이어졌다. 우리의 생일이 완전히 같았다.

 며칠 뒤 택배를 부탁하기 위해 주소를 물었을 때는 또 한 번 놀랐다. 그녀의 친정집 주소가 내가 한국에서 자주 들르던 가게 상호와 같았다. 태국에서 처음 만났고, 한국에서는 얼굴 한 번 본 적 없던 사이. 그렇게 시작된 인연이 어느덧 10년을 훌쩍 넘어섰다.

아이의 유학이 끝나고 귀국한 뒤, 그녀는 자녀를 모두 독립시킨 중년 여성에게 흔히 찾아오는 '빈둥지 증후군'에 깊이 빠져 있었다. 하루아침에 아이들이 떠난 집은 너무 조용했다. 부엌의 불 켤 일도 줄어들었다. 오롯이 혼자 있는 시간이 주어졌지만, 그 고요가 위로되지 못했다. 자신이 더 이상 누군가의 엄마로 불리지 않는다는 사실이 낯설고 쓸쓸했다. 무기력함이 일상이 되었고, 마음이 점점 어두워졌다. 그런 친구를 바라보다가 문득 이런 생각이 들었다. 이러다 정말 불 꺼진 집에서 발견되는 건 아닐까. 그 생각이 오랫동안 마음에서 사라지지 않았다.

내가 산티아고 순례길을 걷고 있던 어느 날, 그녀에게서 메시지가 도착했다. "길이 끝나고 네가 캐나다로 간다면,

나도 그곳으로 가면 다시 살아날 수 있을까?" 그 말에 나는 단 한마디로 답했다. "올 수 있다면, 환영이야. 대신 모든 건 네가 직접 준비해야 해." 다시 살고자 하는 그녀의 절실함이 처음으로 비행기표, 숙소도 스스로 예약하게 했다. 인생에서 처음으로 혼자 준비한 여행이었다. 그렇게 도착한 곳이 토론토였고, 우리가 함께 향한 곳이 바로 나이아가라 폭포였다.

나이아가라 폭포 앞에 서면 눈앞에서 쏟아지는 거대한 물줄기가 하늘과 땅의 경계를 지워버린다. 수직으로 떨어지는 50m의 낙차, 초당 2,800t의 물이 내뿜는 굉음은 마치 지구가 내지르는 탄성 같다. 그 소리에 묻히면 인간의 목소리는 존재감을 잃고, 오직 툭탁이는 심장의 고동만이 자신이 살아 있음을 알려준다. 사람들이 이곳을 찾는 이유는 단순히 폭포를 보기 위해서가 아니다. 그 웅장한 굉음 속에서 자기 존재의 크기를 확인하기 위해서다.

물안개가 몽실몽실 피어오른 새벽 공기는 차가웠지만, 나와 친구는 말없이 앞뒤로 서서 폭포를 따라 달리기 시작했다. 쉰 살이 되어, 같은 날 태어난 친구와 함께 세계 3대 폭포 중 하나인 나이아가라 폭포 옆을 달리게 될 줄 누가 알았을까.

나이아가라 폭포 달리기

Steady 달리며 세계를 여행하다

나이아가라의 물은 단 한순간도 멈춘 적이 없다. 폭설 속에서도, 폭염 속에서도, 밤에도 쉼 없이 흐른다. 그 모습이 마치 멈추지 않기에 살아 있는 인생의 흐름 같았다.

5km 남짓한 코스를 달리며 폭포의 굉음을 빌려 시원하게 소리를 내질렀다. 가슴이 뻥 뚫리고, 숨이 터질 듯했지만 멈출 수 없었다. 세상 수많은 관광객이 폭포를 바라보지만, 그 폭포 옆을 달리는 이는 얼마나 될까. 그 순간만큼은 세상 누구보다 자유로웠다.

달리기를 마친 뒤 마주 앉아 뜨거운 커피를 마셨다. 그녀가 조용히 말했다. "이 길을 달리다 보니, 내 심장이 다시 뛰는 게 느껴졌어." 힘든 순간에도 멈추지 않고 나아가야 함을 그 새벽의 나이아가라 폭포가 가르쳐주었다. 이 책을 읽는 당신이 언젠가 나이아가라를 찾는다면 폭포를 바라보는 여행자가 아니라 폭포 옆을 달리는 러너가 되어보길 바란다.

나이아가라 폭포

Running Note

Niagara Falls, Canada

위치: 캐나다 온타리오주 나이아가라강 일대

코스: 폭포 주변 산책로 약 5km(Table Rock ~ Rainbow Bridge 구간)

특징: 낙차 약 50m, 초당 2,800t 수량의 폭포, 물안개와 무지개 관찰 가능

추천 시간: 이른 아침(오전 7시 이전), 관광객 적고 공기 맑음

환경: 도로 정비 우수, 자전거와 조깅 코스 분리

팁: 방수 점퍼 필수, 물안개 구간 미끄럼 주의, 캐나다 쪽 전망이 더 개방적

한 줄 메모: "폭포의 굉음보다 큰 심장 소리로, 살아 있음을 느끼는 곳."

 ## 와인이 흐르는 포도밭 길의
달음박질 – 스페인 리오하

로고로뇨에서 출발해 나바라테까지, 22km의 산티아고 순례길을 걷던 날이었다. 아침 공기엔 아직 겨울의 냉기가 남아 있었다. 그 시기는 3월과 4월의 경계, 선홍빛 봄의 뺨이 차가운 겨울 창에 살을 맞대는 스페인의 초봄이었다. 포도잎이 트기 전이라 밭은 앙상한 가지들로 가득했고, 검붉은 흙 위로 비스듬히 누운 덩굴들이 그림자를 길게 드리웠다. 햇살은 차갑고 바람은 세지만, 그 황량한 풍경이 이상하게도 마음을 청량하게 했다. 탐스러운 열매도, 화려한 빛깔도, 사람의 온기도 없는데 그 적막함이 오히려 차분한 위로 같았다.

잠시 그 고요를 깨뜨린 건 한 모금의 포도주였다. 이라체 수도원 앞, 돌벽에 박힌 수도를 틀자 쪼르륵 붉은 와인이 흘러나왔다. 정말로 꼭지에서 와인이 흐르고 있었다. 전설처럼 들리던 이야기가 눈앞에서 현실이 되자 잠시 숨이 멎었다. 가지고 있던 작은 물병의 물을 비우고, 조심스레 와인을 받아 마셨다. 이 길을 지나던 시간이 아침 여덟 시, 아직 몸이 완전히 깨어나기 전의 시간, 그 한 모금이 남은 잠을 쫓아내고 모든 세포를 일깨웠다.

길은 다시 조용해졌다. 멀리 언덕 위의 작은 종탑을 통해 마을이 있음을 짐작할 뿐이었다. 이 고요함 속에서 소리를 내는 것은 잠깐씩 스쳐 지나가는 바람뿐이었다. 그 고요 속에서 걷다 말고 문득 발을 들어 올렸다. 통, 통, 통 발끝이 흙먼지를 일으키며 가볍게 앞으로 나아갔다. 걷던 걸음이 자연스럽게 달음박질로 이어졌다.

찬 공기가 뺨을 스치고, 햇살이 등 뒤로 따뜻하게 내려앉았다. 숨이 가빠오는데 몸은 오히려 가벼웠다. 그때부터 주변의 모든 소리가 사라졌다. 적막한 길 위에서 오직 내 심장 뛰는 소리만 또렷하게 들려왔다.

순례길에서 달린다는 건 조금 낯선 일이다. 대부분의 순례자는 무거운 배낭을 메고 묵묵히 한 걸음씩 걸었을 그 길 위에서, 혼자 달리고 있었다. 하지만 그 누구도 나를 이상하게 보지 않았다. 이 길에서는 모두가 자기의 호흡과 속도로 가는 것을 인정하기 때문이다.

포도밭 사이로 이어진 길 위에서는 시간도, 거리도, 목적도 잊었다. 발밑의 흙은 푹신했고, 가끔 찾아오는 바람은 무심한 듯 내 얼굴을 쓰다듬고 떠나갔다. 고요함 속에서 일정 구간을 달리는 경험은 짜릿하게 좋았다. 세상과 단절된 고요 속에서, 나는 오히려 나와 연결되어 있었다. 그 순간 전혀 외롭지 않고 자유로웠다. 그날의 달리기는 몸의 운동이 아니라, 내 안의 나와 오래 미뤄둔 데이트를 한 것 같았다.

Steady 달리며 세계를 여행하다

스페인 리오하 포도밭 길

아침을 와인으로 시작해 포도밭을 달음박질하며 하루를 지냈다. 그날의 나는 순례자이자 러너였고, 그 넓고 고요한 포도밭 한가운데서 충분히 행복했다.

와인이 흐르는 길 위에서 포도밭 인증

Steady 달리며 세계를 여행하다

Running Note

Logroño to Nájera, La Rioja Region, Spain

위치: 스페인 북부 라리오하(La Rioja) 지방

코스: 초반 5km는 완만한 오르막 이후 평탄한 흙길 약 10~12km

특징: 초봄에는 잎이 트지 않아 시야가 탁 트이며, 흙냄새와 바람이 인상적

추천 시간: 오전 8~10시, 부드러운 햇살 아래 달리기 좋음

환경: 완만한 경사, 차량 통행 거의 없음

팁: 흙먼지가 많아 선글라스와 버프 필수, 햇빛 대비용 모자 준비

한 줄 메모: "내 안의 나와 데이트가 가능한 고요한 포도밭 달음박질."

도전을 성공으로 바꾼 아침
- 프랑스 비아리츠

 비행기를 두 번 갈아타고 도착한 프랑스 남서부의 작은 해변 도시, 비아리츠(Biarritz). 쉰 살의 봄, 나는 처음으로 완전히 혼자 떠난 여행길 위에 있었다. 한국에서 동아 마라톤을 완주한 다음 날, 큰 배낭 하나를 메고 낯선 공항으로 향했다. 그때의 나는 완주자이면서 동시에 새로운 도전을 향한 출발자였다.

 밤 9시, 비아리츠 공항에 도착했을 때 비는 부슬부슬 내리고 있었다. 택시 창밖으로 스치는 거리마다 낯섦이 묻어 있었다. 가로등 불빛 아래 빗방울이 반짝이며 흘러내렸다. 운전기사가 내뱉는 프랑스어 한마디조차 알아듣지 못했다. 도착한 숙소 앞에서는 왠지 모를 공포감이 밀려왔다. 프랑스어는 한마디도 모르고, 영어도 서툴며, 함께 온 동반자조차 없었으니 두려움이 스멀스멀 올라오기 시작했다.

그럼에도 새벽이 되자 낯선 도시의 공기에 이끌려 눈을 떴다. 무슨 용기였을까. 처음 와본 나라에서, 단 한 사람도 모르는 곳에서, 여전히 새벽 러닝화를 신었다. '이 근처에 바다가 있을 거야.' 그 막연한 믿음 하나로 구글맵을 켜고 길을 나섰다. 낯선 표지판, 돌바닥의 질감, 빵집 앞에서 풍겨오는 따뜻한 크루아상 냄새. 그 모든 것이 두렵고도 설레었다. 하지만 지도를 아무리 봐도 바다가 나오지 않았다. '이렇게 헤매다 해변은커녕 길을 잃는 건 아닐까?' 그 불안이 고개를 들 무렵, "한 발짝만 더 가볼까?" 하고 코너를 돌았다.

프랑스 비아리츠 해변가

Steady 달리며 세계를 여행하다

그 순간, 시야가 한순간에 열렸다. 와, 눈앞에 펼쳐진 건 끝이 보이지 않는 대서양의 해변이었다. 짙푸른 바다 위로 부서지는 하얀 파도, 그 위를 가르며 떠다니는 서퍼들, 모래사장을 따라 달리는 사람들, 큰 개와 함께 조깅하는 프랑스인들, 바람은 짭조름했고, 햇살은 유리 조각처럼 반짝였다.

그 길 위에서 나는 함성을 지르며 달리기 시작했다. 귀까지 시원한 바람과 함께 발끝이 모래를 차며 앞으로 나아갔다. 그 순간, 모든 두려움이 길 위에 흩어졌다. 언어도, 사람도, 익숙함도 필요 없었다. '그래, 나 혼자서 여기까지 왔고, 낯선 러닝길도 스스로 찾아냈잖아.' 그 생각이 드는 순간, 작은 성공의 성취감이 파도처럼 밀려왔다.

만약 그날 아침, 무섭다고 방 안에 머물렀다면 결코 이 보석 같은 길을 발견하지 못했을 것이다. 바다 위로 쏟아지는 파도 소리를 맞으며 달리는 동안, 내가 나에게 속삭였다. '이제 곧 너는 더 먼 길, 산티아고의 길에서도 스스로 잘 해낼 수 있을 거야.'

그래서 나는 이곳을 용기의 첫 아침이라 부른다. 비아리츠의 그 아침 러닝이 없었다면, 나의 산티아고 여정은 시작되지 않았을지도 모른다. 만약 언젠가 당신이 프랑스 바스크 지방의 작은 해변 도시를 여행하게 된다면, 이곳 비아리츠의 해안길에서 단 10분이라도 달려보길 바란다. 두려움이 사라지고, 새로운 용기가 파도처럼 밀려올 것이다. 그날의 나는 두려움을 이긴 사람, 스스로의 힘으로 길을 찾은 러너였다.

Running Note

Biarritz, France

위치: 프랑스 남서부 바스크 지방, 대서양 연안 도시

코스: Grande Plage 해변~Rocher de la Vierge 구간(약 4~5km 왕복)

특징: 절벽길과 모래사장이 번갈아 이어짐, 파도와 해풍이 강렬하여 서퍼들의 천국

주변 명소: 비아리츠 등대(Phare de Biarritz), 구 항구(Port Vieux), 로쉐 드 라 비에르주

추천 시간: 이른 아침 6~8시, 해가 떠오를 무렵 가장 아름다움

팁: 해풍이 세므로 가벼운 바람막이 점퍼 필수, 모래길과 석조길 모두 대비한 러닝화

한 줄 메모: "낯선 도시에서 스스로 길을 찾았던 비아리츠, 도전의 첫 단추."

달리기는 핑계고

 ## 커피 향을 따라 바다와 예술을 달리는 길 – 미국 시애틀

이번 여행의 목적지는 사실 캐나다 밴쿠버였다. 딸의 대학 졸업식을 함께하기 위해 남편과 휴가를 내고 찾아간 길. 행사도 끝나고, 하루를 여유롭게 보내기로 한 우리는 '국경을 넘어 당일로 다녀올 수 있는 도시' 시애틀로 향했다. 밴쿠버에서 차로 세 시간 남짓한 도시에 와서도 러닝복과 운동화가 가장 먼저 여행 필수품으로 선택된다.

시애틀의 5월 오후는 느릿하다. 회색빛 구름 사이로 한 줄기 햇살이 스며들고, 엘리엇 만(Elliott Bay)의 물결이 은

빛으로 반짝이는 오후 3시. 커피 향이 진하게 풍기는 파이크 플레이스 마켓(Pike Place Market) 한복판, 세계에서 가장 오래된 스타벅스 1호점 앞이었다.

하루 10km쯤은 언제 어디서든 달릴 수 있는 일상 러너가 된 우리 부부는 새벽을 놓치면 오후라도 달린다. 그날도 점심을 마친 후, 딸이 "짐은 내가 맡을게."라며 웃었다. 그녀는 전 세계에 단 여섯 곳밖에 없는 스타벅스리저브 매장 중 하나인 시애틀 매장으로 향했고, 우리는 1호점에서 커피 한 잔을 나눠 마신 뒤, 천천히 달리기를 시작했다. 가족 여행 중이지만, 각자의 시간을 존중하며 자신만의 속도로 오후를 보냈다. 그것이 바로 이 도시의 분위기와 닮아 있었다.

시장 언덕을 내려서면, 바다의 짠 내와 커피 향이 한 데 섞인다. 도심의 소음이 잦아들고, 대신 파도 소리와 거리의 공연 음악이 어우러진다. 워터프런트(Waterfront) 길을 따라 1km쯤 달리자 바다와 예술이 만나는 공간, 올림픽 스컬프처 파크(Olympic Sculpture Park)가 나타났다. 길은

'Z'자 형태로 이어지고, 조각 작품들이 오후의 햇살을 받아 반짝였다. 회색빛 금속 위에 부서진 햇살이 바다 위로 흩어지고, 그 사이를 달리는 우리는 마치 조각품의 일부분인 듯 느껴졌다. 누군가는 예술을 멈춰서 보는 것이라 하지만 이곳에서는 달리며 느끼는 것이 훨씬 자연스러웠다.

커피 향을 따라 바다와 예술을 달리는길 -미국 시애틀

Steady 달리며 세계를 여행하다

공원을 지나 머틀 에드워즈 파크(Myrtle Edwards Park)와 Elliott Bay Trail로 이어지는 길은 완벽한 평지였다. 도심의 그림자가 멀어지고, 대신 바다의 색이 점점 짙어진다. 오후 다섯 시, 스페이스니들(Space Needle)이 노을빛에 물들며 우리의 그림자도 길게 늘어졌다. 그 순간, 바람이 귓가를 스치고, 커피 향이 다시 코끝을 찔렀다.

시애틀 스타벅스 리저브 로스터리(Starbucks Reserve Roastery)

달리기를 마친 우리는 언덕 위의 스타벅스리저브 로스터리(Starbucks Reserve Roastery)로 향했다. 유리창 너머로 원두가 회전하며 볶아지고, 딸은 미리 자리를 잡고 우리를 기다리고 있었다. 뜨거운 커피 한 모금을 목으로 넘기는 순간 그날의 피로도 함께 넘어가는 것 같았다. 커피로 시작해 예술 속을 달리고, 다시 커피로 돌아온 오후, 그 속엔 가족의 여유와 도시의 리듬이 함께 스며 있었다.

커피 향을 따라 바다와 예술을 달리고 있는 사진

Running Note

Coffee to Art Loop(Seattle, May Afternoon)

시간: 5월 오후

출발: 스타벅스 1호점(Pike Place Market)

코스: Waterfront → Olympic Sculpture Park → Myrtle Edwards Park → Elliott Bay Trail → Capitol Hill

도착: 스타벅스 리저브 로스터리(1124 Pike St, Seattle, WA 98101)

거리: 약 6km(편도)

특징: 커피-바다-예술 작품과 함께 달리는 미술 산책길

팁: 오후 햇살과 바람을 즐기며 여유 페이스로, 공원 구간은 보행자 우선으로 천천히 러닝

한 줄 메모: "커피 향을 따라 바다와 예술을 달리는 길을 나만의 속도로 음미하기."

10 달릴수록 보물이 되는 섬
– 대한민국 제주

    제주의 길 위에 서는 순간, 바람과 파도, 오름과 돌담이 함께 움직이기 시작한다. 나는 제주를 '러너의 천국'이자 '보물섬'이라 부른다. 아침 바다는 에메랄드빛으로 반짝이고, 저녁의 노을은 붉은 금빛으로 물든다. 비 오는 날의 숲은 짙은 초록빛으로 변한다. 같은 길을 달려도 하루도 같은 색이 없다. 풍경 하나하나가 눈을 보배로 만드는 순간들이다.

    바다 해풍을 맞으며 달릴 때면 가슴이 뻥 뚫리고, 오름의 오르막은 다리 근육을 단단하게 만든다. 숲길의 흙 위를 달리면 발의 피로가 스르르 풀린다. 제주는 몸으로 건강의 보물을 캐내는 섬이다. 무엇보다 값진 보물은 마음의 평화다. 도심 달리기가 '도전'의 의미라면 제주의 달리기는 '회복'에 가깝다. 몸이 달리면서 마음이 평온해지고, 평온해진 마음은 잠시 멈추었던 숨을 깊게 내쉬며 다시 삶이 흐르게 한다. 그래서 제주는 달릴수록 길 위의 모든 경험이 보물이 되는 섬이다.

왜 제주를 달리기에 좋은 '러너들의 천국'이라 부르는지 몇 가지 이유를 말해보겠다.

첫째, 다양한 지형이 만들어내는 입체적인 러닝 코스가 있다. 평탄한 해안도로를 따라 달리면 파도 소리가 페이스를 이끌고, 오름을 오르면 심박수와 함께 숨이 깊어진다. 숲길로 들어서면 한라산 품에 안긴 듯한 평온함이 이어진다. 같은 10km라도 어디를 달리느냐에 따라 전혀 다른 이야기가 된다.

둘째, 계절마다 다른 빛으로 피어나는 풍경이다. 봄에는 유채꽃과 벚꽃이 길을 물들이고, 여름에는 짙은 녹음과 푸른 바다가 맞선다. 가을엔 억새와 감귤 향이 어우러지고, 겨울엔 바람의 결이 달라진다. 제주에서는 계절이 단순한 시간의 흐름이 아니라, 러너의 감각을 새롭게 일깨우는 순간이 된다.

셋째, 러너를 배려한 인프라와 환경이다. 산책로와 올레길, 자전거 도로가 촘촘히 이어지고, 차량 통행이 적어 스트레스 없이 달릴 수 있다. 새벽에도 조명이 켜진 길이 많고, 바닷가 카페들이 러너의 휴식처가 되어준다. 러닝을 마친 뒤 시원한 커피 한잔과 바다 한 컷, 그것만으로도 하루가 완성된다. 감성을 넘어 완벽한 환경을 갖춘 섬이다.

제주 해안가 러닝은 내 일상의 일부가 되었다. 탑동광장을 중심으로 용두암 방향 왕복 5km 구간, 무지개 해안도로를 따라 이호테우 해변의 말등대까지 9km 이어지는 길. 저녁이면 기타 소리와 버스킹 음악이 잔잔히 바다에 스며든다. 조천 운동장에서 시작하여 함덕 해수욕장까지 내달리다

서우봉 정상에 올라 바라보는 바다는 그야말로 한 폭의 그림이다. 서우봉을 내려오면 바다를 품은 '카페 돌문도'가 반긴다. 러닝 후 땀에 젖은 몸으로 마시는 뜨거운 아메리카노 한 잔. 그 순간까지가 나의 완벽한 러닝 루틴이다.

서해안로에서 **탑동광장으로 복귀**

탑동광장에서 이호테우 해변 말등대까지 9km

Steady 달리며 세계를 여행하다

서우봉에서 바라 본 함덕 해수욕장

마지막으로 큰맘 먹고 소개하는 비밀의 러닝 코스가 있다. 이웃집 형찬 님께 소개받은, 제2부두 등대로 향하는 바닷길이다. 마치 '모세의 기적'처럼 양쪽으로 바다가 갈라진 듯 수평선을 향해 곧게 뻗어 있다. 왕복 4km. 그 길을 달리면 바다 위를 걷는 듯한 착각이 든다. 이 길위에 서면 언제나 심장이 두근거린다. 몰캉몰캉 작게 뛰던 심장 소리가 점점 커져 내 귀에 닿고, 빨간 등대를 표적 삼아 달리는 동안 '이루고 싶은 일'과 '되고 싶은 나'를 자연스레 떠올리게 된다. 가슴이 뻥 뚫리는 해방감이 밀려오고, 내 안의 에너지가 끓어오르며 발걸음은 한층 더 가벼워진다.

빨간 등대에 닿아 하이파이를 하고 돌아서면 풍경은 전혀 다른 얼굴을 보여준다. 제주항의 크루즈가 출항을 준비하고, 새벽 조업을 마친 어선들이 등대를 향해 천천히 들어온다. 갈매기 울음, 물건을 내리는 소리, 부두의 사람들 움직임, 그리고 사라봉 아래 작은 마을까지 한눈에 들어온다. 꿈을 향해 달려가고 다시 삶의 한가운데 돌아오는 듯한, 내 마음의 등대같은 러닝 코스다.

제주항 제2부두 비밀의 러닝코스

이 길은 제주의 러너들이 '한 번 달려보고 싶은 길'이자 힘을 얻고 싶은 이들을 위한 히든 코스다. 제주는 섬 전체가 러닝 트랙이다. 어느 계절에 와도 달릴 수 있는 곳. 숲도, 바다도, 바람도 모두 러너의 편이다. 제주는 달릴수록 새로운 보물을 꺼내주는 화수분이다.

Running Note

Jeju Island, South Korea

주요 코스:

① 탑동광장 ↔ 이호테우 말 등대(편도 9km, 평탄한 해안 코스)

② 조천운동장 ↔ 함덕해수욕장 ↔ 서우봉(약 7~8km, 언덕 포함)

③ 제2부두 등대길(왕복 4km, 바다 옆 히든 러닝코스)

추천 시간: 일출 직전 또는 석양 무렵

특징: 바다와 오름, 숲이 어우러진 천연 러닝 트랙, 사계절 가능

팁: 해안도로는 겨울 해풍이 강하므로 바람막이 착용, 비 오는 날은 미끄럼 주의

한 줄 메모: "달릴수록 제주의 깊이가 더해지는 보물섬 달리기."

에필로그

달리기는 핑계고

눈을 감으면 지금도 그날의 장면이 선명하게 떠오른다. 새벽 공기 속에 울려 퍼지던 함성, 수천 명의 발소리가 지면을 두드리며 만들어 내던 진동, 젖은 흙냄새와 땀 냄새가 뒤섞인 공기 속에서, 낯선 이들의 숨소리와 박자가 하나로 맞아떨어지던 그 순간, 그 현장은 수천 개의 심장이 동시에 박동하는 거대한 에너지였다. 달리기 전에는 상상도 못 한 광경이다.

마라톤 현장에서 앞뒤로 펼쳐지는 풍경은 또 하나의 세상이 된다. 유모차에 아이를 태우고 달리는 젊은 아빠, 짧은 러닝 팬츠를 입은 백발의 노부부. 그들의 셔츠 등에는 이렇게 적혀 있다. '인생은 80부터.' 주름진 얼굴 위로 번지는 미소는 그 어떤 청춘보다 빛났다.

시각장애인 러너는 가이드 러너의 손목에 느슨한 줄로 연결되어 함께 달린다. 앞이 보이지 않아도 이미 세상을 다 본 듯한 여유로운 표정. 휠체어 러너, 가족 러너, 전국에서 모인 동호회까지 모두가 한 코스 위에서 각자의 레이스를 펼친다. 누군가는 잠시 멈춰 숨을 고르고, 누군가는 사랑하는 이를 위해 달린다. 그곳에는 나이도, 직업도, 언어도 경계가 희미하다.

길가의 응원단들이 들고 있는 플래카드에는 이렇게 적혀 있다. '여기까지 왔는데 그냥 갈래?' 이어지는 함성 속에 "조금만 더! 당신, 오늘 일 낸다!"라는 목소리가 울려 퍼진다. 그 소리에 심장이 다시 뛰었다. 바다의 고래가 숨을 쉬기 위해 물 위로 힘차게 솟구치듯, 오랫동안 잠들어 있던 내 심장이 다시 요동쳤다.

그 현장에 있으면 누구라도 이렇게 생각할 것이다. '달리는 기분은 어떤 느낌일까?', '나도 해볼까?' 그렇게 심장이 쫄깃해지는 레이스를 경험하고 나니, 몸은 살아 있었고 마음은 이미 청춘이었다. 인생이 이렇게 역동적이고 재미있을 수 있다는 걸, 달리기를 통해 처음 알았다. 사실 달리기는 핑계고, 진짜는 뜨겁게 심장이 뛰는 삶을 살아보고 싶은 마음이었다.

'달리기'는 결국 삶을 다시 살아내는 또 다른 방식이라는 걸 깨달았다. 숨이 차오르고 포기하고 싶던 순간마다 내 안의 또 다른 내가 속삭였다. "이게 되는데?" 그 작은 성취가 쌓이며 불가능의 경계를 조금씩 지워나갔다. 멈춰 있던 시간, 무너졌던 날들, 그 모든 것을 다시 이어준 건 달리기였다.

이전의 나는 새로운 시도를 잘 하지 않는 편이었다. 그런 내가 뜬금없이 달리기를 한다고 해도 새로운 도전에 가족은 아낌없이 응원해주었다. 이제는 우리 가족도 나만큼 달리기에 진심이 되었다. 딸은 캐나다에서 친구들과 10km 레이스를 완주했고, 남편은 15년 만에 다시 운동화를 꺼내 부부가 함께 풀코스를 달렸다. 여행지에서도 우리는 새벽 러닝으로 아침을 열고, 달려서 맛집 가는 부부(달맛부)라는 우리만의 재미도 생겼다. 달리기가 가족의 문화로 자리 잡으며 일상의 소소한 행복도 선물했다.

〈부단히런〉의 회원들도 태국, 베트남, 캐나다, 서울, 광교, 여의도, 안동, 제주 전 세계 곳곳에서 함께 달린다. "뭐? 이 나이에 달리기를 한다고?" 하던 사람들이 "오늘은 언제 달리지?"를 고민하는 사람들이 되었다. 달리는 곳곳에서 이어진 인연들은 혈연보다 끈끈하고, 오래된 우정보다 진하다. 땀방울이 이어준 관계, 함께 달려본 사람만이 아는 묘한 연대감이 있다.

달리기는 내 정체성마저 바꾸어 놓았다. 50대의 평범한 아줌마였던 내가 '일상 러너'가 되었고, 참여자에서 기획자로, 도움을 받던 사람에서 타인의 성장을 돕는 사람이 되었다. 달리기가 몸과 마음, 관계, 그리고 세상의 경계를 넓혀

놓은 것이다.

나는 오늘도 문고리를 잡고, 운동화 끈을 묶고 밖으로 나선다.
남들의 속도가 아니라 나만의 방향을 위해,
달리기 기록이 아니라 달리던 날의 기억을 위해,
흔들리는 내가 아니라 단단한 나로 살아가기 위해.

달리기로 시작했지만, 결국 이야기는 '가슴 뛰는 삶'이었다. 이제 그 삶을 당신의 언어로 이어가길 바란다.

부록 1

초보 러너를 위한 운동 팁

Q1 처음 시작할 때는 어떻게 달려야 하나요?

A. '달리기'보다 '걷기+달리기'로 시작하세요. 숨이 차지 않을 정도로 대화가 가능한 속도가 이상적입니다. 초보 러너를 위한 런데이 앱을 이용해서 1분부터 서서히 늘리시면 됩니다.

Q2 일주일에 몇 번 달리면 좋을까요?

A. 초보 러너에게는 주 3회 달리기를 권장합니다. 달리기 후 36시간 이내에 다시 달리면 부상의 위험이 있습니다. 초보 러너에게 중요한 것은 기록이 아니라 끝까지 완주하는 것입니다.

Q3 준비 운동과 마무리 운동을 꼭 해야 하나요?

A. 네. 반드시 해야 합니다. 달리기 전 준비 운동은 몸의 온도를 천천히 올리고 근육을 깨워주는 과정입니다. 마무리 운동은 뜨거워진 몸을 식혀주는 과정으로 종아리, 햄스트링, 허벅지를 중심으로 스트레칭을 해주면 근육의 피로가 풀리고 다음 날 회복이 훨씬 빨라집니다.

Q4 러닝화를 꼭 사야 하나요?

A. 네. 일반 운동화와 러닝화는 쿠션감과 충격 흡수력이 다릅니다. 초보일수록 무릎, 발목 보호를 위해 러닝화를 신는 게 좋습니다. 꼭 매장에서 발에 맞는 신발을 직접 신어보고 구매하길 권합니다.

Q5 러닝할 때 좋은 자세가 있나요?

A. 네. 턱은 당기고 시선은 전방 30m를 봅니다. 어깨는 펴고 허리는 지면과 수직인 상태로, 손은 아주 작은 달걀을 쥐고 있다고 생각하면서 앞으로 나아가는 느낌으로 달립니다.

Q6 달리기다가 몸에 이상이 있다면 어떻게 하나요?

A. 먼저 달리고 있는 자세를 확인하고 페이스를 늦춥니다. 대부분 걷거나 달리는 동안 통증이 줄어들지만 계속 통증이 되면 멈추고 휴식을 취해야 합니다.

Q7 달리다 부상이 오면 어떻게 하나요?

A. 부상으로 달리기를 못 하는 경우 대체 운동으로 수영하거나 자전거를 탑니다. 휴식기인 치료 기간에는 긍정적인 생각, 치료 후 나아지는 내 모습을 상상합니다.

Q8 달리기가 지루할 땐 어떻게 하나요?

A. 코스를 바꾸어 봅니다. 가던 동네길 대신 강변, 숲길, 바닷가로, 리듬 있는 음악이나 팟캐스트를 활용합니다. 목표를 작게 쪼개어 5km 완주가 아니라 '가로등까지만 가자.', '노래 한 곡 끝날 때까지만 가자.'로 바꿉니다. 함께 달립니다. 혼자보다 함께 달릴 때 훨씬 오래 달릴 수 있습니다.

Q9 비 오는 날도 달려도 되나요?

A. 가능합니다. 미끄럽지 않은 신발과 방수 재킷을 챙기면 더 좋습니다. 달리고 나서 몸을 말리고 옷을 바로 갈아입는 게 중요합니다.

Q10 달리기를 꾸준히 하려면 어떻게 해야 하나요?

A. 기록보다 습관을 목표로 합니다. 오늘도 문고리 잡고 나갔다는 작은 성공의 마음으로 시작합니다. 완벽함보다 꾸준함이 진짜 러너를 만듭니다. 습관이 정착되기 위해 러닝 동호회 가입하는 것도 방법입니다.

부록 2

초보 러너를 위한
달리기 필수 용어 정리

용어	의미 및 설명
웜업 (Warm-up)	본 운동 전, 가벼운 조깅으로 몸을 예열시켜 긴장을 완화하고 체온과 심박수를 높여 부상을 예방합니다.
쿨다운 (Cool-down)	달리기 후 천천히 걸으며 심박수를 안정시키는 가벼운 스트레칭으로 달아오른 몸을 안정시키고 피로 해소 및 근육통을 예방합니다.
스트레칭 (Stretching)	신체 부위의 근육 및 인대를 늘려주는 활동으로 몸이 굳는 것을 막아줍니다.
인터벌 트레이닝 (Interval Training)	달리기와 걷기를 반복하는 행동으로 고강도 달리기와 천천히 걷기를 병행하여 지구력 향상, 심폐 기능을 강화하기 위함입니다.
가속주 (Build-up)	천천히 달리기로 시작하여 점점 속도를 높여 달리는 훈련으로 심폐 지구력 강화와 빠른 속도를 통한 근력 강화 활동입니다.

지속주 (Steady Run)	일정한 속도를 유지하여 달리는 훈련으로 '지속 가능한 페이스'로 달리는 방법입니다. 페이스 유지 능력을 향상합니다.
조깅 (Jogging)	숨이 차지 않을 정도의 느린 속도로 편안하게 달리는 가벼운 러닝입니다. 혈액 순환에 도움이 되며 피로 해소, 부상 예방을 위한 활동입니다.
LSD (Long Slow Distance)	천천히 오랜 시간 동안 거리를 달리는 활동으로 지구력 강화에 도움이 되며 몸의 기본 체력을 기르는 달리기 방식입니다.
윈드스프린트 (Wind Sprint)	천천히 달리기를 지속하다가 마지막 몇 분 동안 최고 속도를 달리는 짧고 강한 훈련입니다.

부록 3

〈부단히런〉 20인의 러너 프로필

〈부단히런〉 러닝 크루의 20명의 러너 프로필을 간략하게 실었습니다.

각 항목은 이름, 사는 지역, 도전 이력, 그리고 러닝 한 줄 메시지로 구성되어 있습니다.

하지만 이 작은 지면에는 다 싣지 못한 이야기들이 있습니다.

각자의 시작과 성장, 달리기를 통해 변화한 삶의 결심이 담긴 인터뷰 전문은 아래 QR코드를 통해 확인하실 수 있습니다.

QR링크로 들어가시면 한 사람의 러닝 여정을 보다 깊고 생생하게 만나보실 수 있습니다.

〈부단히런〉 인터뷰는 아래와 같은 구성으로 진행되었습니다.

- 달리기를 시작한 계기
- 지속하게 만든 이유
- 달리기가 몸과 마음에 가져온 변화
- 잊을 수 없는 러닝 순간
- 앞으로의 도전과 목표

이 작은 프로필들이 누군가의 시작을 끌어당기는 불씨가 되기를 바랍니다.

달리기는 혼자 시작할 수 있지만, 함께할 때 더 멀리 이어지는 여정이 됩니다.

러너 프로필 1

이름: 엄현주(엄탱이)
사는 지역: 경상북도 문경시
도전 이력: 이른 봄, 선선한 공기가 좋아서 '한 번 달려볼까?'로 시작한 초보 러너에서 매일 아침 스스로에게 선물을 주는 러너로
러닝 한 줄 메시지: "내가 나에게 주는 선물. 하루의 시작은 운동으로."

러너 프로필 2

이름: 최혜정(매일기쁘게)
사는 지역: 서울시 강동구
도전 이력: 걷기에서 달리기로 자연스럽게 넘어온 초보 러너, 꾸준함을 목표로 첫 루틴을 만들어 가는 중
러닝 한 줄 메시지: "빠르지 않아도 괜찮아. 멈추지만 않으면 돼!"

러너 프로필 3

이름: 박미령(에스더)
사는 지역: 광주광역시
도전 이력: 걷기만 하겠다고 다짐했던 사람에서 10km 마라톤에 도전하게 된 '꾸준함의 상징' 러너
러닝 한 줄 메시지: "욕심을 부리면 도망가는 달리기야. 꾸준함으로 건강하게 나와 함께 하자."

러너 프로필 4

이름: 김희영(별의별)
사는 지역: 제주 제주시
도전 이력: 1분 달리기에서 시작해 10km 완주, 하프 마라톤 도전 준비 중
러닝 한 줄 메시지: "하면 된다. 한 걸음씩 가다 보면 결국 해낼 수 있다."

러너 프로필 5

이름: 오민정(마리오)
사는 지역: 베트남 호찌민
도전 이력: '달리기는 내 인생 리스트에 없던 일'이라던 초보 러너에서, 매일 달리며 하루를 의미 있게 채우는 꾸준한 러너
러닝 한 줄 메시지: "인생은 달리기. 꿈꾸는 모든 것. JUST DO IT!"

러너 프로필 6

이름: 조영욱(케이건드라카)
사는 지역: UAE
도전 이력: 체력 부족으로 시작해, 10km 완주와 새벽 루틴을 만든 해외 러너
러닝 한 줄 메시지: "달리기는 인생의 주춧돌이다."

부록 3

러너 프로필 7

이름: 김태희(까이마이)
사는 지역: 인천광역시
도전 이력: 방콕과 송도를 오가며 두 번의 하프 완주 후, 첫 풀코스(42.195km)에 도전하는 열정 러너
러닝 한 줄 메시지: "이 길 끝에는 세상 맛있는 커피가 기다린다!"

러너 프로필 8

이름: 배동원(승리할 결심)
사는 지역: 경기도 오산시
도전 이력: 체력 저하를 극복하며 꾸준히 걷고 달리는 러너
러닝 한 줄 메시지: "운동화를 신고 현관문만 열어라. 그다음은 알아서 되게 되어 있다."

러너 프로필 9

이름: 강민정(평범한기적)
사는 지역: 제주 제주시
도전 이력: 번아웃, 대상포진 이후 새벽런으로 10km 완주, 8·15 해녀런 참여
러닝 한 줄 메시지: "갱신 후 갱생, 오늘의 달리기로 내일의 나를 다시 믿는다."

러너 프로필 10

이름: 이선희(풍금)
사는 지역: 경상북도 안동시
도전 이력: 첫 8주 달리기 완성 후 하프 도전 성공, 꾸준한 낙동강변 러너
러닝 한 줄 메시지: "멋진 할머니 러너 될 때까지 꾸준히 달려보자!"

러너 프로필 11

이름: 조영자(니칭구)

사는 지역: 태국 촌부리

도전 이력: 아주나이스의 변화를 눈앞에서 보고 달리기를 시작, 가족 전체가 러너로 성장한 '가족 러너 1호'

러닝 한 줄 메시지: "조금씩이라도 달리자. 멈추지 말고 달리자. 지쳐서 잠시 쉬더라도 포기하지 말자."

러너 프로필 12

이름: 우나영(에스포맘)

사는 지역: 경상북도 영주시

도전 이력: 준비 없는 첫 10km 마라톤에서 시작해 매일 새벽을 여는 '꾸준함의 러너'로 성장

러닝 한 줄 메시지: "어제도 달렸으니, 오늘도 달릴 수 있다."

러너 프로필 13

이름: 강승희(거침없이)
사는 지역: 전라남도 광양시
도전 이력: 우연처럼 시작했지만, 몸과 마음을 단단히 세운 '자기긍정 러너'
러닝 한 줄 메시지: "위로가 필요할 땐 반바지와 운동화를 신고 날아보자. 나는 날 수 있다!"

러너 프로필 14

이름: 조미양(디베짱)
사는 지역: 태국 파타야
도전 이력: "첫 30분 연속 달리기(23.2.11) → 첫 10K(2023.2.8) → 첫 하프(2023.11.19) → 첫 풀코스(2024.7.21.)"까지 '첫' 기록을 차곡차곡 완주한 러너
러닝 한 줄 메시지: "달려서 다시, 나!"

러너 프로필 15

이름: 장봉경(소원이 이루어지니)
사는 지역: 경기도 광주시
도전 이력: 친구의 다이어트 조력자로 달리기에 입문해, <부단히런> 11기째 꾸준히 달리는 러너
러닝 한 줄 메시지: "Just do it, 망설이지 말고 오늘도 뛰자."

러너 프로필 16

이름: 허희정(호기심나비)
사는 지역: 경기도 용인시
도전 이력: 1분 달리기에서 출발해 하프마라톤 완주, 부상에도 멈추지 않는 열정 러너
러닝 한 줄 메시지: "무리하지 말고, 내 페이스대로. 평생의 취미가 될 달리기를 위하여."

러너 프로필 17

이름: 김성진(보니타)
사는 지역: 제주 제주시
도전 이력: 건강을 위해 시작한 달리기로 10km 완주에 이어 26년 호주 시드니 풀코스 마라톤 준비 중
러닝 한 줄 메시지: "따로, 또 같이 뛰다 보면 스스로 갱신하는 나를 만날 수 있다."

러너 프로필 18

이름: 최화영(낭또미미)
사는 지역: 경기도 안양시
도전 이력: 4분도 못 뛰던 초보에서 하프 마라톤 완주 러너로
러닝 한 줄 메시지: "괜찮아요, 다시 시작해요. 느려도 즐기며 끝까지 간다면 성공입니다."

러너 프로필 19

이름: 임혜경(이래나저래나)
사는 지역: 베트남 호찌민
도전 이력: 가족과 함께 26개 도시를 달려온 러너, 하롱베이 마라톤 풀코스 완주 러너
러닝 한 줄 메시지: "걷더라도 멈추진 않았다."

러너 프로필 20

이름: 김은혜(나이스맘)
사는 지역: 인천광역시
도전 이력: 무릎 연골 수술 후 걷기부터 시작해, 꾸준한 걷기로 몸과 마음을 다시 일으킨 러너
러닝 한 줄 메시지: "쉬지 않고, 날마다 세상을 향해 나가자!"